青少年
跆拳道
学练技巧一点通

王春光 ◎ 著

中国书籍出版社
China Book Press

图书在版编目 (CIP) 数据

青少年跆拳道学练技巧一点通 / 王春光著 . -- 北京：中国书籍出版社，2021.6
ISBN 978-7-5068-8546-1

Ⅰ . ①青… Ⅱ . ①王… Ⅲ . ①跆拳道 – 青少年读物 Ⅳ . ① G886.9-49

中国版本图书馆 CIP 数据核字 (2021) 第 127514 号

青少年跆拳道学练技巧一点通

王春光　著

责任编辑	张　娟　成晓春
责任印制	孙马飞　马　芝
封面设计	仙　境
出版发行	中国书籍出版社
地　　址	北京市丰台区三路居路 97 号（邮编：100073）
电　　话	（010）52257143（总编室）　（010）52257140（发行部）
电子邮箱	eo@chinabp.com.cn
经　　销	全国新华书店
印　　厂	三河市德贤弘印务有限公司
开　　本	710 毫米 ×1000 毫米 1/16
字　　数	175 千字
印　　张	13.25
版　　次	2022 年 11 月第 1 版
印　　次	2022 年 11 月第 1 次印刷
书　　号	ISBN 978-7-5068-8546-1
定　　价	48.00 元

版权所有　翻印必究

前　言

跆拳道以其帅气潇洒的腿法、强有力的拳法、让人防不胜防的速度、谦虚礼让的精神，受到广大青少年的关注和喜爱。

学练跆拳道，一方面可以帮助青少年强健体格，促进身体发育，增强身体柔韧性，促进智力发展；另一方面还能培养青少年勇于拼搏、百折不挠的精神和谦逊有礼的品质。

但学好跆拳道并非易事，需要教练的指导和队友的陪伴，而本书就是你的良师益友，带你认识跆拳道，学练跆拳道，陪伴你不断成长。

本书带你认识跆拳道，了解跆拳道的基本常识；为你介绍跆拳道的道服和腰带，让你在学练跆拳道时英姿飒爽；教你养精蓄锐，打好体能基础；带你入门，学练各类跆拳道技术；帮你实现技能进阶，掌握跆拳道的战术与品势；为你介绍相关的安全知识，助力你的健康成长。

本书语言简明易懂，易于青少年理解和阅读；内容丰富翔实，能够帮助青少年轻松入门并掌握跆拳道技能；逻辑清晰严谨，符合青少年的认知；以理论为辅、实践为主，能够有效提升青少年的跆拳道技

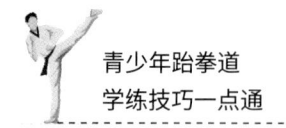

能；图文并茂，可以激发青少年的阅读兴趣。

不仅如此，本书的版块设置更是实用有趣："各抒己见"带你充分思考，发表自己的想法；"指点迷津"让你了解更多的跆拳道知识和技能，为你答疑解惑。

让你认识和掌握跆拳道技巧，是本书的宗旨。有了本书的指导和陪伴，相信你一定会喜欢跆拳道，大有收获。

著者

2021 年 4 月

目　录

第一章　踢的艺术：初识跆拳道 / 001

    简单了解跆拳道的历史 / 003

    见识跆拳道的学练价值与运动风格 / 009

    跆拳道的礼仪 / 021

第二章　飒爽英姿：跆拳道服、护具与腰带 / 029

    跆拳道服 / 031

    跆拳道运动护具 / 039

    看腰带，识段位 / 049

    赤足还是穿鞋 / 057

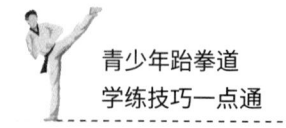

第三章　养精蓄锐：打好体能基础 / 061

　　呼吸发声 / 063

　　上肢与躯干训练 / 071

　　专注腿部训练 / 083

第四章　新手入门：跆拳道技术学练 / 093

　　基本站姿 / 095

　　实战姿势 / 099

　　拳法与肘法 / 103

　　步法与踢法 / 109

第五章　技能进阶：跆拳道战术与品势学练 / 125

　　棋逢对手，跆拳道基本战术 / 127

　　实战较量，攻防技巧 / 139

　　跆拳道品势 / 155

第六章　运动安全：助力跆拳道少年健康成长 / 167

　　热身与放松 / 169

　　科学营养 / 181

　　运动伤病应急处理 / 191

参考文献 / 201

第一章

踢的艺术：初识跆拳道

跆拳道，来自东方，风靡全球。

跆拳道拳脚并用，以脚为主，腿法灵活，也被称为"踢的艺术"。

潇洒帅气的动作、悠久的历史、独特的文化礼仪，都构成了跆拳道运动与众不同的风采。还等什么，一起去看看吧！

简单了解跆拳道的历史

各抒己见

提起跆拳道，你或许会联想到中国武术。对于中国武术的历史你或许有所了解，但对于跆拳道这项同样来自东方国家的竞技运动的发展历史你了解多少呢？

跆拳道出自朝鲜半岛，它在发展过程中与中国的武术有过交集，1955年，跆拳道有了自己的名字，是一项由东亚文化发展而来的韩国武术。

跆拳道起源于朝鲜半岛，是朝鲜民族在生产和生活中发展起来的一项竞技体育运动。

从最初的跆跟、花郎道，再到今天的跆拳道，跆拳道距今已经有三千多年的历史了。

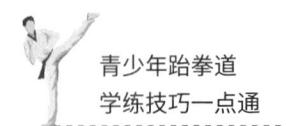

溯源：从原始社会走来的跆拳道

◆ 跆拳道源于人们的生存本能

在原始社会，世界各地的人们都以狩猎、采集为生，朝鲜民族自然也不例外。

为了能以更强的姿态来与野兽对抗，捕获更多的猎物，朝鲜民族在长期的生活实践中逐渐掌握了一些用拳和脚来与野兽进行搏斗的方法。

逐渐地，这种完全出自人们生存本能的搏斗方法，成为一种有意识、有章法的竞技运动——跆拳道。

这一时期，跆拳道除了被运用于对抗野兽之外，在一些祭祀场合举行的展示力量的斗技活动中也时常出现。

◆ 跆拳道在朝鲜半岛广受欢迎

伴随生产力的提高，朝鲜半岛在结束了漫长的原始蒙昧时期后，又先后经历过自然灾害、战争，尽管如此，人们对武艺的推崇从来不曾减弱过。

无论在什么时期，研究、切磋跆拳道武艺的人都很多，在有些朝代，统治者还会将跆拳道列为军队训练的必修运动。

在尚武的社会环境下，跆拳道逐渐成为深受朝鲜半岛人民喜爱的竞技运动。

第一章
踢的艺术：初识跆拳道

蓄势待发的跆拳道少年

发展：近代跆拳道命运多舛

20世纪初期，包括跆拳道在内的朝鲜半岛的文体活动曾一度被禁止，跆拳道甚至面临消亡的危险。

幸运的是，当时有很多习武者将跆拳道带到了中国和日本，并将跆拳道技艺与中国的武术、日本的空手道相结合，形成了新的跆拳道运动体系。

韩国的崔泓熙将军将空手道、跆跟、手搏等技术融入跆拳道，并

为跆拳道正式命名。

在此基础上,跆拳道结合东亚武技之长,逐渐发展成我们现在所看到的样子。

指|点|迷|津

跆拳道与中国武术、日本空手道的渊源

跆拳道与中国武术的渊源,其实从古代就开始了。

朝鲜半岛自古以来就与中国交流频繁。唐朝时期,唐统治者开放包容的文化态度吸引了一批又一批的朝鲜人来到中国,这些朝鲜人将中国的武术带回朝鲜半岛并融入早期的跆拳道运动中。也是在同一时期,在同样是中国邻国的日本,人们也十分热衷于学习中国武术,这也影响了日本空手道的发展。

到了近代,跆拳道、武术与空手道又进行了一次亲密的"接触",这才逐渐形成了今天风靡于全世界的跆拳道运动。

辉煌:跆拳道走向世界

20世纪50年代,跆拳道进入现代发展阶段,以韩国成立世界跆拳道联盟为起点,跆拳道逐渐从朝鲜半岛走向世界。

第一章
踢的艺术：初识跆拳道

1973年，世界跆拳道联盟（WTF）在韩国成立。

1980年，世界跆拳道联盟被国际奥委会承认。

1986年，跆拳道被列为亚运会正式比赛项目。

2000年，跆拳道被列为奥运会正式比赛项目。

当前，跆拳道已经成为非常受中国青少年欢迎的体育运动之一。

跆拳道走向世界的历程

见识跆拳道的学练价值与运动风格

各抒己见

　　青少年的生活丰富多彩，可以根据自己的喜好学练一两项体育运动。在众多体育运动项目中，跆拳道是一项深受青少年喜爱的体育运动。

　　跆拳道之所以能够风靡全球，并且成为深受欢迎的一项运动，与其独特的学练价值和风格魅力有着很大的关系。

　　那么，你知道如此受青少年喜爱的跆拳道究竟有着怎样的运动学练价值和运动风格吗？

　　当前，有很多青少年在学练跆拳道，那么，学练跆拳道究竟能给青少年带来什么样的收获呢？接下来一起详细了解一下吧。

青少年学练跆拳道能收获什么

不了解跆拳道的青少年一定难以理解为什么那么多人会选择跆拳道这项运动,甚至为之着迷。运动实践表明,跆拳道的学练价值丰富,学练跆拳道对青少年的健康成长和发展有着很大的帮助。

◆ 强身健体,防身自卫

跆拳道重视体能锻炼,青少年学练跆拳道必须要加强体能锻炼,这样出拳和踢腿才更快、更有力量。

跆拳道技术动作对学练者的体能也有一定的要求,如果学练者的柔韧性不好、力量不足、速度不够快,那么他的跆拳道动作的标准性、攻防性就会大打折扣。

因此,青少年学练跆拳道能强身健体和增强体能。

青少年坚持学练跆拳道,身体会有较强的灵活性,这样不仅有助于青少年在受到他人攻击时迅速做出反应,也能提高青少年日常学习的思维敏捷度,还有助于提高青少年在参与其他体育活动时的反应速度。

此外,跆拳道的自卫防身价值,能帮助青少年在遇到危险时快速反应、保护自己。也正是因为这一点,吸引了更多的女孩子学练跆拳道。

在跆拳道训练中,青少年的关节、肌肉、内脏器官的机能和神经系统都会得到充分锻炼,对提高身体的灵活性特别有效。

第一章
踢的艺术：初识跆拳道

正在学练跆拳道的女孩

在反复的跆拳道攻防对抗中，速度、力量及耐力素质会得到明显提升，长此以往，就能让青少年形成更强的击打能力和抗击打能力。

跆拳道是一项紧张且激烈的运动，需要青少年奋力抵抗方能一决高下，所以很适合强身健体。

与其他运动相比，跆拳道是一项较为全面的运动。跆拳道运动中包含了各种踢腿、手臂的上格、下截、拉伸等动作，所以可以增强肌肉和力量，也能提高肌腱、韧带、肌肉的弹性，从而增强青少年的体力和柔韧性。

因此，不管是男生还是女生，都可以通过学练跆拳道来增强体魄。

◆ 养成良好的品质、美德

跆拳道推崇的"武道"精神和宗旨与中国传统武术文化、民族传统美德有着诸多相似或者共通之处。

"礼仪、廉耻、忍耐、克己、百折不屈"是跆拳道的根本宗旨,"以礼始,以礼终"是跆拳道运动始终倡导的尚武精神。

可见,学练跆拳道运动,不仅可以让青少年防身健体,还能受到跆拳道运动精神、武魂气魄的熏陶和感染,拥有坚强、笃定、任劳任怨的精神,树立百折不挠、锐意进取的品质,养成礼貌、谦让、宽容厚道的美德。

跆拳道运动可以让青少年的身心得到调整和完善,让他们拥有良好的精神品质。

跆拳道可以培养青少年良好的精神、品质及美德

第一章 踢的艺术：初识跆拳道

◆ 饱览技艺，振奋精神

作为一项竞技运动，跆拳道需要青少年在赛场上斗智斗勇，还需要青少年运用自己高超的技艺展示一些技术动作。特别是一些腿法动作的呈现，青少年除了可以充分地展示自己，也能从对手身上学到很多技艺，还能激发自身的斗志，激发奋发图强的精神，陶冶情操。

跆拳道的运动风格

◆ 礼始礼终，内外兼修

在观看跆拳道比赛时，人们几乎看不到血腥的场面，甚至看到的都是有进有退、有攻有守、有始有终的非常和谐的画面，这主要是因为跆拳道讲究"礼始礼终，内外兼修"。

学习跆拳道的青少年在练习和比赛中都会坚持以礼相待。他们以礼开始，以礼结束，具有谦逊、友善、忍让的作风，不断提升自己的道德修养。

◆ 腿法第一，手法第二，主要关节当武器

现代跆拳道比赛的需要、规则的限制以及进攻方法，使得跆拳道重视腿法的攻防。

一般来说，在跆拳道运动中，腿部的技术方法在所有技术方法中占据首位（约占所有技法的70%）。

跆拳道对抗、配合学练之前先行礼

跆拳道运动重视踢，与人体的构成和腿部的特点有着密切关系，腿部是人体最长的部位，而且是力量最大的一个部位。在跆拳道运动中，腿部的技法有很多，可以抬高也可以放低，可以伸远也可以拉近，可以向左也可以向右，可以伸直也可以弯曲，可以转也可以旋，可以释放出极大的威力。

因此，依靠腿法的攻击不管在范围上还是在力量上都是最具实力的。

手法在跆拳道运动中位居第二。人体的手臂非常灵活，在跆拳道运动中练习者可以自如地运用拳、掌、肘、肩等部位完成各种进攻或防守动作。

第一章
踢的艺术：初识跆拳道

跆拳道强调腿法学练

与腿法相比，手法的招式更注重防守和格挡。此外，人体的主要关节也能在跆拳道运动中充当进攻的武器或者防守的盾牌，在实战中发挥着重要作用。

◆ 注重呼吸，以声震威

在跆拳道运动中，青少年要想在气势上先压倒对方或者让自己振奋起来，就要制造一种具有震慑力的气场，此时就可以用洪亮且有威

慑力的呐喊来为自己加油、助威。

跆拳道是一项十分考验青少年耐力的运动，所以感到自己有些疲惫或者对方似乎要乘胜追击时，就可以屏住呼吸，发出响亮的喊叫声。

在这里特别要告诉你的一点是，当你在发声时，需要停止呼吸，这样就能让身体专注于动作，让注意力集中起来，加快动作的速度，从而使做出的动作更具威力。

◆ 直击直打，不拘套路

跆拳道的精神决定了双方的对抗多是直击直打，没有太多套路。在跆拳道的比赛或实战中，很少会使用接触防守、躲闪技术。

直接攻防，不遮掩迂回

在进攻时，你只需直接连续地进攻，用连贯且快速的脚法组合动作技术击打对方。

在防守时，你可以采用多种方法抵御对方的攻击，如选用格挡技术，或者以攻对攻，或者以攻代防。

综上可见，跆拳道就是一种以刚制刚且方法非常简练的运动。

◆ 内外功力统一，功力水平需测量

经过一段时间的跆拳道训练，青少年的关节部位（如手肘、膝盖和脚踝）会产生意想不到的变化，特别是脚和手的力量大大增强。同时，青少年的内功和外力会达到高度的统一。

要想确定关节部位的威力和潜力究竟有多大，必须通过测量来验定。具体来说，可以通过对木板、砖和瓦等物体的击打来测评身体关节的攻击力水平。

◆ 段位晋升制度十分严格

每一位想长期坚持跆拳道训练的青少年都希望自己的努力能被看到，这样才能督促自己走向更高的层次。因此，学习跆拳道的青少年都会为自己当前的训练树立目标，待这个目标达成之后，继续攻克下一个目标，即考级。

跆拳道的段位晋级制度非常严格，包括晋段和晋级，具体包含十级九段。跆拳道的练习者必须达到一定年龄段、练习了足够久的时间，才能参与专门的考试，考试合格方能晋级或晋段。

严格的段位考级制度不但可以促使青少年保持对跆拳道的兴趣，

不断追求更高的目标，而且能督促其按部就班地学习和训练，从而逐步提升水平。

指|点|迷|津

青少年学练跆拳道要注意的问题

尽管学练跆拳道对青少年来说有着诸多好处，但也不要盲目学习。因为事情都具有两面性，所以在决定要学练跆拳道之前必须清楚它的利弊，这样才能确信自己是否要坚持下去，也才能在学练中端正态度，沿着正确的方向前行。

青少年学练跆拳道时应注意以下几点。

- 强度适当，不急于求成。如果控制不好跆拳道学练的运动强度，没有掌握正确的训练方法，很容易让大腿变得越来越粗。因为在跆拳道训练中，大腿肌肉是最常用到的，所以训练不当很容易形成大块肌肉。
- 时刻重视运动安全。在跆拳道学练中，有很多青少年不重视运动安全，缺乏安全意识，在训练中很容易因为操作不当而伤到自己。在完成某些动作时，必须抓住要领，控制好力道，否则就会发生意外，如出现肌肉拉伤等问题。
- 不炫武、不骄傲，不欺凌他人。思想不端正，可能会因为自己在这方面的优势而觉得自己厉害极了，随意欺凌同学，并形成骄横的性格，这是万万不可的。

第一章
踢的艺术：初识跆拳道

- 务实，不逞强。跆拳道有一定的防身作用，但青少年的力量、掌握的运动技能仍不能与成人相比，尤其是遇到坏人时，不要盲目地认为自己有一身武艺而轻敌。青少年日常的跆拳道学练要务实，避免花拳绣腿，在遇到危险时也要沉着冷静，能智取就不要恋战，注意保护好自己。

跆拳道的礼仪

各抒己见

中国自古就是礼仪之邦,有着源远流长的礼仪文化,中国人也向来认同这样一个观点,即"一个真正有教养的人必须是知礼、懂礼、具有良好个人品质与品德的人"。

跆拳道强调"以礼始,以礼终",青少年学习跆拳道这项运动,除了要学习其技击技术,还要注意学习其中的礼仪、道德修养。

快来说一说你都知道哪些跆拳道礼仪吧!

青少年在练习或者实战对抗之前,应该确保衣着端正,头发整洁,以表示对跆拳道运动,以及对对手、教练和观众的尊重。

不管赛场上双方的对抗多么激烈,彼此都应该以交流技艺和磨炼意志品质为目的,对对方始终保持一种敬重和学习的心态。同样,对教练或者观众,也要保持敬重和友善的态度。总之,在跆拳道训练中,

青少年要尽可能体现出恭敬、谦虚、互助互学的态度。

礼仪在跆拳道运动中是一个必不可少且极其重要的组成部分。可以说，跆拳道不但是一种有着高度攻击力的技击术，还是一门精巧的形体艺术。

跆拳道的基本行为规范礼仪

跆拳道的礼仪应该从细节入手，要熟悉并遵守基本的行为规范。具体来说，跆拳道的基本行为规范主要体现在四个方面。

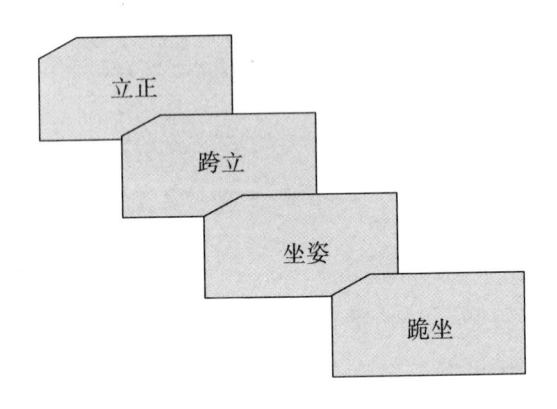

立正

跨立

坐姿

跪坐

跆拳道的基本行为规范

◆ 立正

立正时，应面向对方，身体站直，两脚并拢，两脚脚尖和脚跟均对齐，两手五指并拢（或握拳）且落于身体两侧。

◆ 跨立

跨立时，身体呈立正姿势，保持上身正直，左脚向身体左侧跨出约一脚长，两脚间距与肩同宽，身体重心落于两脚之间。两手后背，左手握住右手手腕并置于腰带上方。

◆ 坐姿

青少年学练跆拳道还必须掌握标准的坐姿，这样才能体现自己的良好素质。

正确的跆拳道坐姿要点如下：

身体坐正，上半身挺直，目视前方，两腿屈膝盘坐在垫子或地面上，两手自然握拳落于两膝上。

坐时，要保持谦虚、平和的心态，目视前方。

◆ 跪坐

跪，从本质上讲也属于坐，因此也常称为跪坐。跪坐是跆拳道中的一项重要的礼仪姿态。

跪坐时，要求身体上半身挺直，臀部跪坐在两脚上，两腿并拢，两手自然握拳，两臂稍微弯曲且落于大腿上，目视前方。

跆拳道的道礼

跆拳道的道礼就是真正意义上的跆拳道礼仪，是每一个初学者最

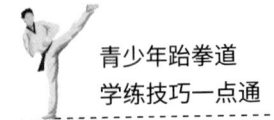

先接触到的跆拳道知识。

作为青少年，不管是初学者还是有了一定基础的学员，都应该重视并了解掌握跆拳道的以下几种礼仪。

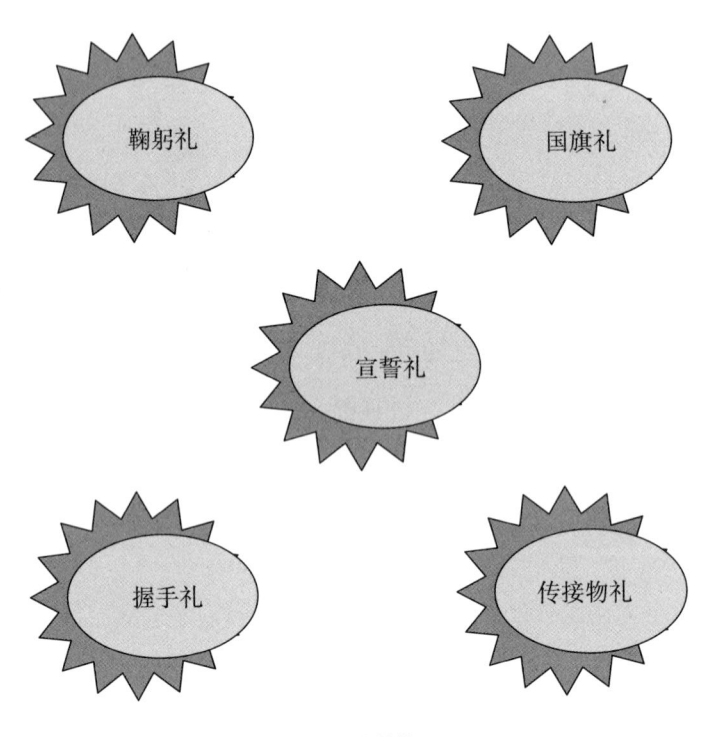

鞠躬礼　　国旗礼

宣誓礼

握手礼　　传接物礼

跆拳道道礼

◆ 鞠躬礼

身体面向被敬礼的对象，两脚并拢，两手贴于两腿两侧，腰向前弯曲45°，头向下低30°，向被敬礼对象敬礼。

礼毕时立刻将身体还原成直立姿势。

第一章
踢的艺术：初识跆拳道

鞠躬礼

◆ 国旗礼

国旗礼也叫"注目礼"，即要面向国旗敬注目礼。

青少年应从小树立热爱自己的国家和民族的思想，学练跆拳道不仅是为了强身健体，也为未来保家卫国奠定良好的身体、心理和运动技术基础。

如果跆拳道场地中挂有国旗，在学练跆拳道之前，应背对着国旗将衣服整理好，之后转向国旗，两脚并拢站直，右手五指并拢并贴于左胸前，保持动作约5秒钟。

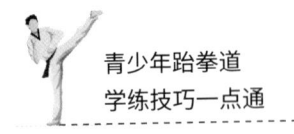

◆ 宣誓礼

身体站直，右手握拳，屈右肘，举右臂且让大臂与肩膀保持水平，小臂与大臂之间约呈45°角。目视前方，握拳右手靠近右耳中部，左手自然并拢且紧贴身体左侧。

◆ 握手礼

身体站直，两脚并拢，目视对方。靠近对方时，身体上半身向前鞠躬，伸出右手手掌且手掌是立着的。

与对方握手后，就将身体还原成最初的直立姿势。

◆ 传接物礼

在学练跆拳道运动过程中，传接物品也必须讲究一定的礼仪。

如需要传物、接物时，应身体直立，当看到对方要向自己传送物品时，将两手掌心朝上并伸向前方接取物品，同时身体上半身鞠躬敬礼。接完物品后，身体即可还原成最初的直立姿势。

在一些非常重大的场合，如领取荣誉证书、奖杯等时，需要在行礼之后，后退一步然后转身。

指|点|迷|津

敬礼也要找对时机和场合

仅仅掌握敬礼的动作还不够，青少年还应该清楚在什么时机和场合敬礼。

- 青少年应该在进入道馆时，依次向国旗、馆长、高段位者敬礼。
- 在两人配合、对抗练习前，双方需要互相敬礼。同样，在练习结束后，双方需要再次互相敬礼。

不仅仅是在学练跆拳道时要重视自己的礼仪培养，良好的礼仪习惯应渗透到日常的生活、学习中。

作为新时代的优秀少年，要注意将注重礼仪的意识渗透到生活中的每一个细节之中，养成克己、礼让、谦恭的良好道德品质。

第二章

飒爽英姿：跆拳道服、护具与腰带

跆拳道爱好者或专业的运动员要关注自己的仪表，重视自己的衣着。

大多数青少年对跆拳道的认识是从跆拳道服饰开始的。此外，是否需要穿鞋也成了许多初学者的疑惑。

跆拳道的道服、护具及腰带犹如跆拳道运动者的三大武器，它们有着许多学问，值得每一位对跆拳道运动有兴趣的青少年去探究。接下来，我们就共同开启跆拳道服饰的探索之旅吧！

跆拳道服

各抒己见

其实，说到跆拳道服并不难理解，如舞蹈会有跳舞穿的服装，爬山有爬山的服装，游泳有游泳的服装，跑步也有跑步的服装等。可见，不同的运动适宜穿不同的服装。跆拳道服之所以能作为一种专业的体育运动服饰，一定是有其原因的。

那么，跆拳道服究竟是什么样的呢？下面就来认识一下跆拳道服吧！

走近跆拳道，拥有一身跆拳道服

相信一定有部分青少年之所以会选择学练跆拳道这项运动，单纯地是因为被帅气的跆拳道服所吸引。

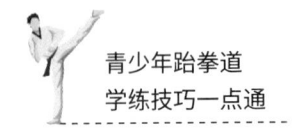

跆拳道道服表面上看并没有什么特别，但是穿在技艺高超的跆拳道运动者身上总能散发出别样的气质，总能让人印象深刻。

◆ 跆拳道服的分类

目前，市面上的跆拳道服主要分为四类。

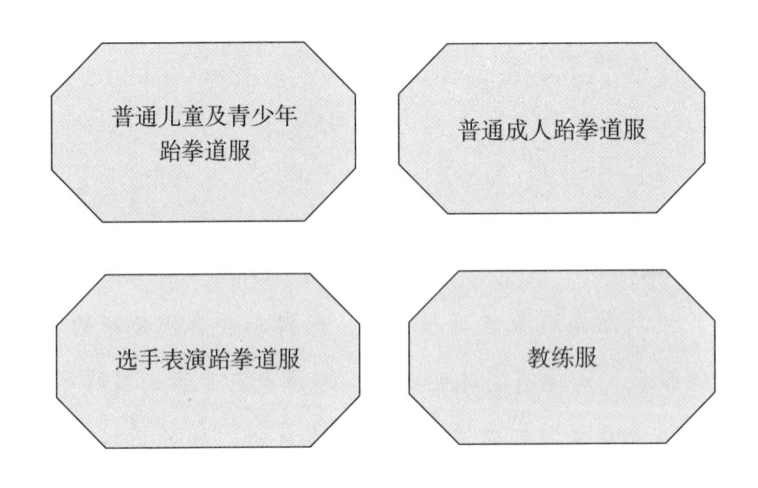

```
┌──────────────┐    ┌──────────────┐
│ 普通儿童及青少年 │    │  普通成人跆拳道服 │
│    跆拳道服     │    │                │
└──────────────┘    └──────────────┘

┌──────────────┐    ┌──────────────┐
│ 选手表演跆拳道服 │    │     教练服      │
└──────────────┘    └──────────────┘
```

跆拳道服的分类

普通儿童及青少年的跆拳道服主要是为 4～15 岁的小学员和跆拳道爱好者而设计的。

普通成人的跆拳道服主要是为 16 岁以上的学员及跆拳道爱好者而设计的。

选手表演的跆拳道服主要是为跆拳道爱好者的品势表演而设计的。

教练服主要是为跆拳道教练和比赛选手设计的。

第二章
飒爽英姿：跆拳道服、护具与腰带

◆ 跆拳道服的构成

跆拳道服包括上衣、裤子和道带三个部分。

跆拳道服

跆拳道服整体上是比较宽松的。一般上衣的里面，在腰部的位置，会有一个橡皮筋，衣服的侧边会有一颗扣子，把扣子扣在橡皮筋上能对道服起到固定的作用，可防止在训练过程中衣服两边敞开。跆拳道服的裤子有点像护士穿的裤子，直筒，不贴身且无弹力。道带其实就是指腰带。

道带是系在跆拳道服上衣腰部的一条宽约4厘米，有一定厚度的柔软的布带。道带系在跆拳道服上除了可以展示运动者匀称的身材外，还能反映其水平。

◆ 跆拳道服的颜色

跆拳道服主要有白色、黑色、红色、蓝色四种颜色。

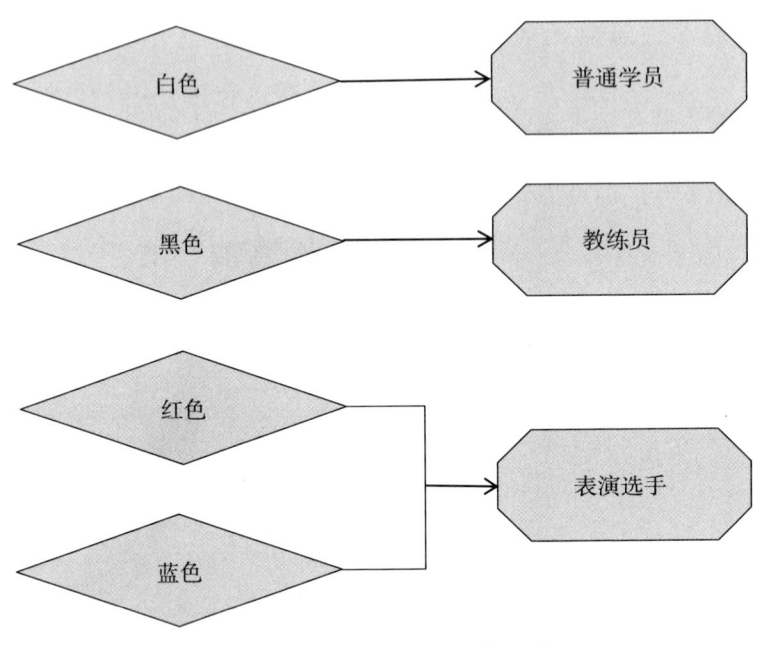

不同颜色的跆拳道服适用的人群

白色跆拳道服是最常见的道服，其适用于所有普通的跆拳道学员。教练会穿黑色的跆拳道服。红色、蓝色的跆拳道服用于演出场合。

另外，如果认真观察就一定能发现，跆拳道服的领口颜色不大一样，有的人穿的跆拳道服的领口是红色和黑色的，有的人穿的跆拳道服的领口则是完全黑色的。其中就蕴含着一点学问，即传统跆拳道规定，黑带以下的学员的跆拳道服的领口为红黑色，而达到黑带就可以穿黑色领口的跆拳道服。

◆ 跆拳道服的设计

在设计风格上，跆拳道服讲究的是简洁大方、独特、舒适。

跆拳道服是一种专业的运动服饰，所以对面料有着特殊的要

求，如抗拉扯、不变形、不起球、耐穿、耐洗、吸汗、速干等。正因为如此，跆拳道服的面料不能采用全棉面料，而要用非全棉面料。

大多数跆拳道服的面料都是棉加上涤纶，因此跆拳道服通常不会像日常服装那样柔软。

跆拳道服的穿法

◆ 上衣和裤子的穿法

跆拳道的上衣和裤子的穿法与普通服装是一样的，只需套在身上即可。跆拳道服的上衣要将 V 字领朝前。

如果女生觉得上衣容易走光，可以在里面穿一件小背心。上衣里面的松紧带是调整松紧的，在调整好以后最好系一下，别让长长的带子露在外面，否则会影响美观。裤子只需找好前后，就可以直接套上。

学练者在每次训练后都应该把跆拳道服洗干净，叠整齐，方便下次再穿。叠跆拳道服的方法就像日常叠衣服一样，先抚平，再小心叠好，存放到衣柜中。

◆ 道带的系法

道带，即腰带，有许多系法上的讲究，不管是普通的学员还是跆拳道爱好者都应该熟悉道带的折叠、缠绕等方法。

★ 选好道带（即长度适中，符合等级），将衣服整理平整。找到整条道带的中心点，对折，用手压一压，留下折痕。两手撑紧道带并让折痕紧贴肚脐的位置。

★★ 道带两端向后围绕在腰间，两手顺着道带向身后滑动，在身后重叠相压，一端在上，另一端在下，两手交换腰带。

★★★ 两手抓紧道带两端，继续绕向身体前方，靠近肚脐处，打结构成一个菱形，道带两端对齐；道带不要系得太紧，以免限制身体的动作。

道带的系法

需要注意的是，系好的道带不要出现两端长短不一的情况，因为这是不恭敬的表现；如果道带中包含两种颜色，那么要将低级别颜色放在下方，高级别颜色放在上方（具体如何区分级别见下文）。

指|点|迷|津

跆拳道与空手道服饰的区别

空手道也是一种需要手脚并用的运动,起源于日本。不熟悉跆拳道和空手道的人时常会觉得这两种运动的服饰是一样的,实际上,两种运动的服饰是有一定区别的。

- 跆拳道的上衣是套头的,衣服的下摆后方通常会印上冠名、国籍等信息,多为长袖;而空手道的上衣为开衫,并且右侧的衣襟被压在左侧衣襟的下方,上衣左胸处会绣有道场的名字,下摆附近还往往会绣上运动者自己的名字,衣袖有长有短。
- 跆拳道服领子有黑色、白色、红黑相间等颜色;而空手道服的领子则是纯白色的。
- 跆拳道腰带的颜色有纯色的,也有两种颜色相间的,如绿色、绿蓝色、蓝色、蓝红色等;而空手道的腰带颜色都是纯色的,如白色、橙色、紫色、褐色和黑色等。

跆拳道运动护具

各抒己见

熟悉了跆拳道上衣、裤子的穿法和道带的系法，并不意味着就可以直接开始与对手的对抗，还要做好身体的保护措施，以免在搏斗中受伤。护具可以有效提高跆拳道运动的安全性。

因此，不管是跆拳道新手还是高手，都要佩戴好护具。你知道跆拳道的护具都有哪些吗？

不熟悉跆拳道的人可能会以为，护具就是直接套在衣服外面的保护用具，实际并非如此。有些护具是要穿在跆拳道服里面，而有的则需要穿在外面。

跆拳道运动的护具主要有以下几种。

```
   头盔              拳套

护胸        护裆        护臂


   护胫             护齿
```

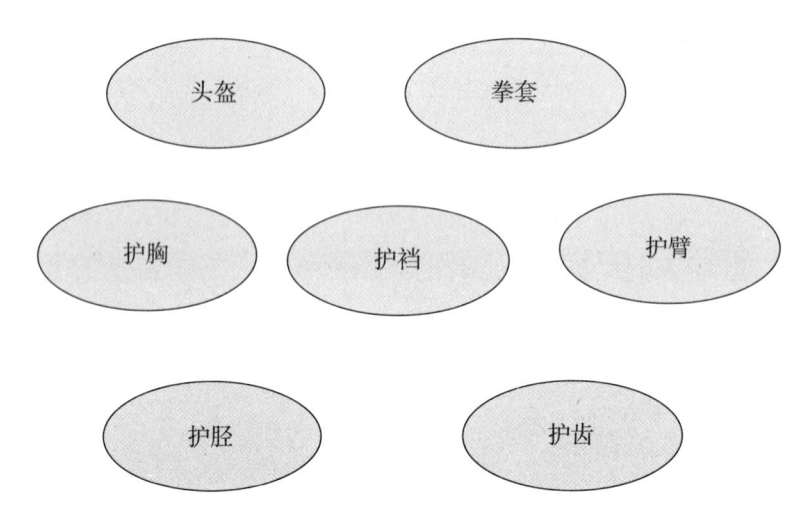

跆拳道运动中的主要护具

在跆拳道的护具中，护裆、护臂、护胫是需要穿在跆拳道服里面的。

头盔与拳套

在跆拳道运动中，头部是最容易受伤的部位，所以在运动之前戴好头盔非常重要。跆拳道新手佩戴拳套也是十分重要的，佩戴拳套不但可以更好地发力，还能有效防止手部受伤。

◆ 头盔

头盔是跆拳道运动中的一个重要的保护装备。在跆拳道运动中，用脚击中对方头部是一个很重要的进攻方式，所以带上头盔对于双方来说都是非常必要的。头盔主要可以保护头部和脸部。

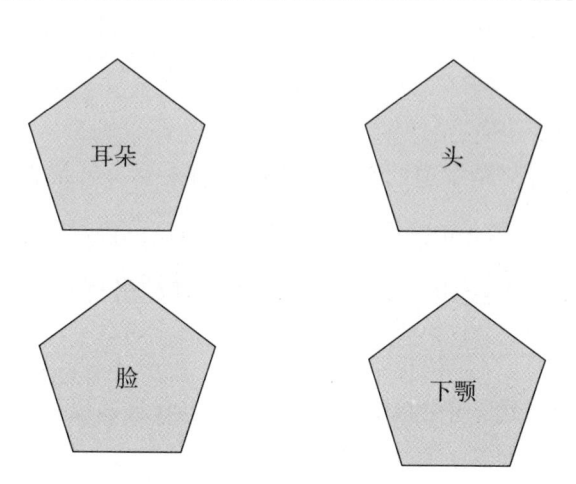

第二章
飒爽英姿：跆拳道服、护具与腰带

| 耳朵 | 头 |
| 脸 | 下颚 |

跆拳道头盔可以保护的部位

跆拳道的头盔属于软性的头盔，主要包括三个部分：护头、护耳、粘带。

头盔的顶部是中空的，而且分布着气孔，以保证空气的流通，避免憋闷。

跆拳道头盔

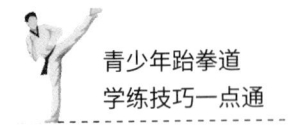

◆ 拳套

从外观上看，跆拳道的拳套特别像防摔手套。如果青少年从来没接触过跆拳道，可能会误以为拳套是用来保护自己的面部不被对方击打的。

其实，拳套不仅用于保护手部，还可以在击打对手时凝聚更多的力量。

此外，别看跆拳道的拳套有些厚重，但其舒适度是非常不错的。

拳套

其他护具

◆ 护胸

护胸也叫"护甲",是一种保护颈部以下、腰部以上的身体部位的护具。

护胸具体可以保护胸部、腹部、背部及肩部免遭伤害。护胸可以选择蓝色或红色中的一种,用于比赛时区分两方运动员。

护胸需要穿在跆拳道服的外面,并且要与头盔的颜色一致。

护胸

◆ 护裆

护裆主要用于保护下半身。因为在跆拳道运动中，踢腿的动作特别多，所以很可能一不小心被对方踢到要害部位。因此，为了避免被对方踢到裆部而受伤，最好在比赛或者训练之前穿好护裆。

◆ 护臂

护臂可以保护手臂和手腕的安全。因为手臂也是跆拳道训练中经常被触碰到的部位，所以如果防守不慎就可能使手臂受伤。

穿戴护臂能够避免手臂因被撞击而受伤，可以有效降低手臂受伤的概率。

衣袖内穿有护臂的跆拳道少年

◆ 护胫

护胫是为了保护腿部和脚部不在跆拳道运动中受伤,具体可分为护腿和护脚。护脚的后方有一条松紧带,还有粘扣,可以根据需要调整松紧。

护胫中设有气孔,十分透气,穿起来不会觉得很憋闷。

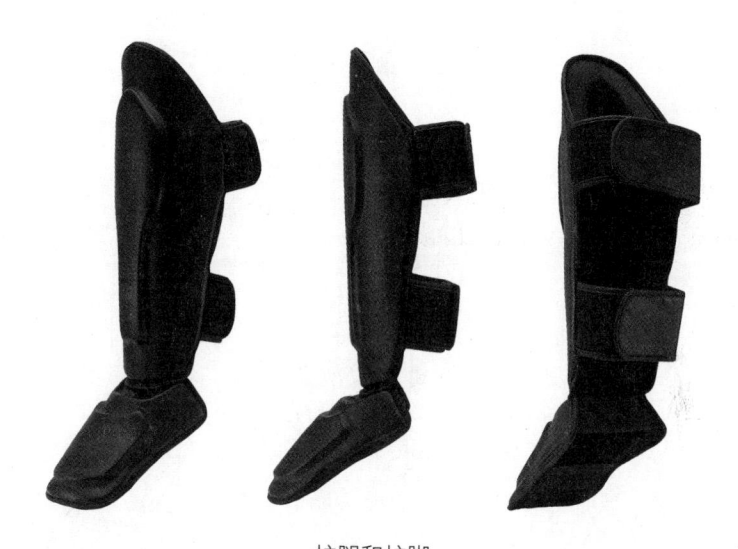

护腿和护脚

◆ 护齿

在一些强度较高、风险性和对抗性都很高的比赛中,护齿的使用率非常高。

当牙齿受到撞击时,护齿可以保护口腔内的牙齿免遭严重损伤。另外,护齿在运动者口腔中可以发挥避震的作用,在运动者遭受撞击后能有效减去大部分的振力,避免头部因为受到巨大的震荡而导致损伤。

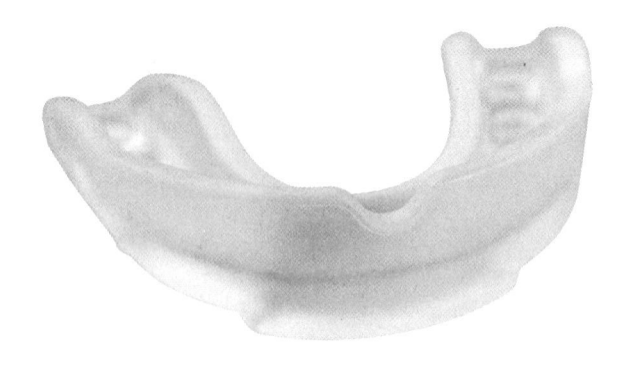

护齿

指|点|迷|津

护齿的种类及清洗方法

护齿主要有三类：一类是成品，一类是半成品，还有一类是定制类。

- 成品护齿就是可以直接放在口中使用的护齿牙套。
- 半成品护齿，先是在高温水中进行软化，然后经过咬合，最后冷却形成的一种牙套。
- 定制类的护齿是先按照一定步骤获得牙口模型，然后由专业的机构采用精密的技术制作而成。

虽然成品护齿和半成品护齿的价格相对便宜，但因为制作程序和工艺较为简单，对牙齿的保护作用和舒适度相对于定制类的护齿较差。

因此，对于要参加一些重要的比赛的跆拳道运动者，如果经济条件允许，准备时间充裕，最好选择定制类的护齿。

拥有了护齿以后，还必须注意做好使用前和使用后的清洁工作。如果护齿牙套清洁不好，将很容易威胁口腔卫生。具体来说，护齿牙套的清洁及护理方法如下。

- 用完护齿牙套要记得放在牙套盒中，避免暴晒，影响使用寿命。
- 注意使用前与使用后的清洁。比如，可以用牙刷和牙膏进行刷洗。
- 如果发现护齿牙套已经磨损得非常严重，那就不要勉强继续使用，要及时更换一副，以免在使用过程中失去应有的保护作用而造成损伤。

看腰带，识段位

各抒己见

跆拳道的腰带其实就是前文中所提到的跆拳道服中的一个重要组成部分——道带。

跆拳道的腰带是有颜色上的区分的，但其区别是什么呢？如何正确选出一条真正能代表自身水平的腰带呢？

◆ 腰带的哲学意义

在跆拳道运动中，腰带是连接上衣和裤子的一个重要组成部分。东方哲学思想认为，跆拳道服中的上衣、裤子和腰带是三位一体的。东方哲学思想还强调，上衣是"天"，裤子是"地"，而腰带则是"人"。在这三者中，人是最重要的。

跆拳道腰带有级、段上的划分，而且在级数上是从十至一的，在

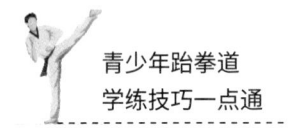

段位上则是从一至九的。

在东方哲学思想中，跆拳道腰带的级别和段位的这种评判依据也有着特别的解说："宇宙中的一切生命都是从天上来的，然后在地上生存，最后又回到了最初来的地方。"

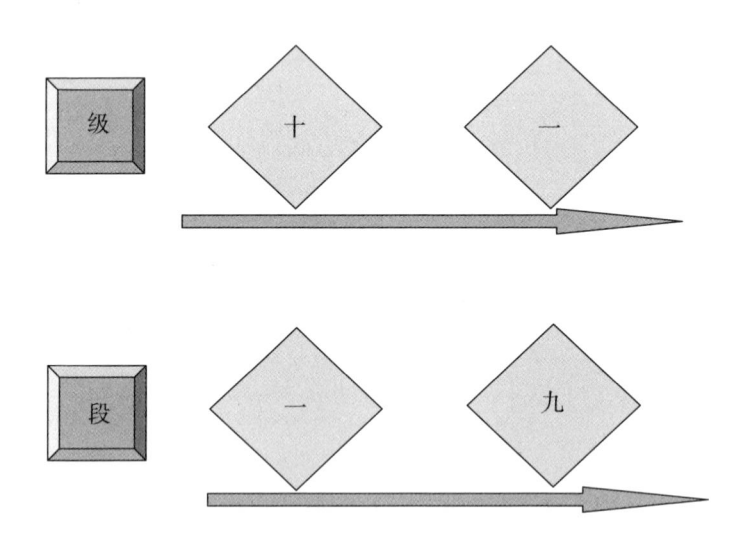

东方哲学对腰带级别和段位的解读

青少年要学习跆拳道，要真正爱上这项运动，就应该深入地了解它。只有从内心深处感知它，才能在日常的训练中让这种感知得到升华，意识到它独特的魅力，从而真正爱上它。

腰带颜色的学问

跆拳道腰带的颜色是每一位学习跆拳道的青少年都应该认真研习的一门学问。

跆拳道运动者的每一次晋升都伴随着腰带颜色的更迭。可以说，

第二章
飒爽英姿：跆拳道服、护具与腰带

跆拳道的腰带见证着跆拳道运动者的整个练习生涯。每一个跆拳道"小白"最初走进跆拳道馆都是先从系白色腰带开始的。

每晋升一级就标志着跆拳道运动者的水平提升了一级。跆拳道运动者水平的提升不仅是色带上的变化，还是对自己努力训练的认可，更是一个新的开端。只有不断地训练，才能达到更高的层次。

下面就详细说一说不同颜色的跆拳道腰带分别都象征着什么意义（表2-1）。

表 2-1 跆拳道腰带颜色的象征意义

腰带颜色	级别	累计训练时数	含义
白色	十级	初学者	没有任何跆拳道基础，入门阶段
白黄色	九级	零至三个月	对跆拳道基础知识有一定了解，掌握了一些技术
黄色	八级	三个月	正处于学习基础阶段，要注重打牢基础
黄绿色	七级	三至六个月	技术在不断上升
绿色	六级	六个月	绿色为植物的颜色，代表练习者的技术开始枝繁叶茂，正不断完善
绿蓝色	五级	六至九个月	绿色向蓝色过渡，需要继续努力训练
蓝色	四级	九个月	蓝色是天空的颜色，犹如大树向着天空生长，继续不断学练，技术才能日趋成熟
蓝红色	三级	九至十二个月	跆拳道水平介于蓝色与红色之间，技术上仍有继续提升的空间
红色	二级	一年	红色象征危险、警戒，此时的练习者已经有了一定的攻击力，能对对手构成威胁，接下来要注意自身修养的提升
红黑色	一级	两年	已经学完全部课程，准备挑战最高的级别——黑带

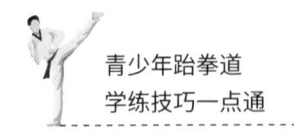

如果将上述十个级别外加黑带做一个汇总，其实可以粗略地概括为：初级（十级至八级）、中级（七级至四级）和高级（三级至黑带）。

跆拳道黑带段位划分

跆拳道腰带除了有上述十种颜色，还有一个很重要的颜色——黑色。拥有黑色腰带的跆拳道运动者在技术和专业性上已经十分成熟，不会轻易受对手和场地的影响，能充分发挥自身的水平。黑色腰带也代表着跆拳道最高的级别，其正是代表零基础白色的对立色。

跆拳道黑带共分为九段。识别黑带段位的方法主要有两种：一种是看黑带上的标记（腰带一端用罗马数字做的标记，数字是几就代表是几段），另一种是看跆拳道服上的标记。

跆拳道服边上有黑色带条，说明运动者的水平处在一段至三段；跆拳道服的衣袖和裤腿两边都有黑色的带条，说明其水平在四段以上。

黑带中的高级段位的选手或专家成功晋升为黑带一段时间后，就可以获得比赛选手资格，参加一些全国性或者国际性的跆拳道比赛，还可以担任跆拳道教练。

如果有能力晋升为黑带四段，将会拥有更多的机会在跆拳道领域大显身手，获得不同的资格和更大的发展空间。

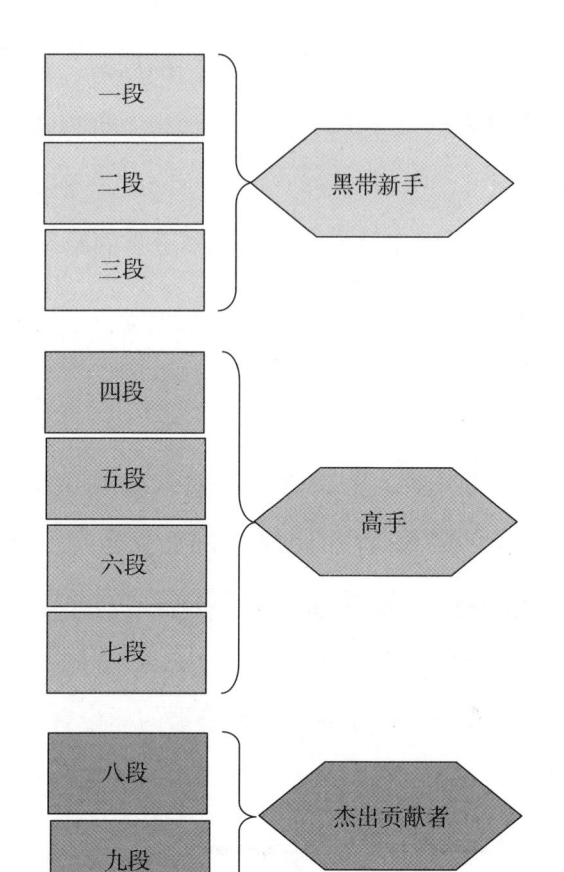

第二章 飒爽英姿：跆拳道服、护具与腰带

```
一段  ⎫
二段  ⎬ 黑带新手
三段  ⎭

四段  ⎫
五段  ⎬ 高手
六段  ⎪
七段  ⎭

八段  ⎫ 杰出贡献者
九段  ⎭
```

黑带段位代表的水平

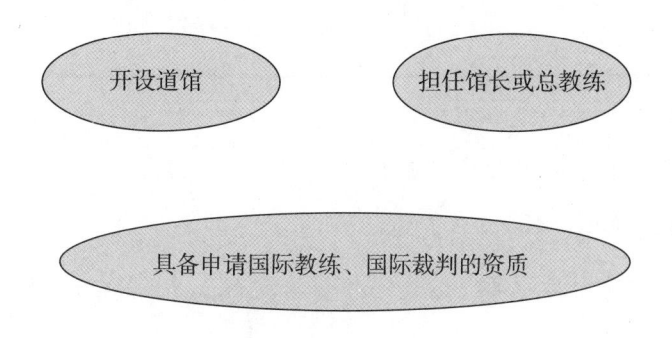

- 开设道馆
- 担任馆长或总教练
- 具备申请国际教练、国际裁判的资质

黑带四段可以获得的资格

053

此外，黑带四段及以上水平还会有专门的称谓，如四段为"师范"（意思是"教授"，相当于老师的老师），五段以上称为"大师"。

对于青少年而言，达到黑段的水平实属不易，但只要当下肯坚持训练，努力奋斗，在不久的将来一定会达到更高的跆拳道技术水平。

品位划分

黑带授予的最低年龄为16周岁，而对未满16周岁的跆拳道运动者，如果其达到了一段至四段的水平，那么就会授予相对应的品位。一品等于一段，未满16周岁的青少年最高可以考到三品。

简单来说，当青少年满16周岁之后，之前的品位就会自动升为同级的段位。同样，品位也可以通过黑带一端的标记看出，其会依次标记为："一"（代表一品），"二"（代表二品），"三"（代表三品）。

指|点|迷|津

段位的升级有年龄上的界限

跆拳道黑带代表着运动者的实力，也是一种荣誉和责任。相信每一位跆拳道运动者都希望自己早日获得更高的段位。但是，段位的升级是有年龄限制的。

跆拳道的段数越高，需要的年龄也就越大。世界跆拳道联盟对跆拳道黑带的晋升提出了一定的年龄要求。

青少年跆拳道运动者要想规划自己的训练，那就要先清楚自己在哪个年龄段才能晋升哪种段位。

任何时候，都不要急于求成，要刻苦训练，打好基础，这样在符合年龄时才能有条不紊地提升、晋级。

一段：15岁或以上
二段：16岁或以上
三段：18岁或以上
四段：21岁或以上
五段：25岁或以上
六段：30岁或以上
七段：36岁或以上
八段：44岁或以上
九段：53岁或以上
十段：60岁或以上

跆拳道段位晋级的年龄界限

赤足还是穿鞋

各抒己见

不同的运动项目都有其专业的球鞋装备，如跑步要穿跑步鞋，打篮球要穿篮球鞋，跳舞要穿舞蹈鞋等。穿鞋可以让运动者在运动过程中免遭损伤，可以提升身体的美感，甚至有助于提高运动时的速度、力量、耐力等。那么，开展跆拳道训练除了要穿跆拳道服、系腰带，到底要不要穿鞋呢？下面就来共同揭晓答案吧！

跆拳道运动需要赤足

不了解跆拳道这项运动的人很难理解，为什么那些跆拳道运动者总是光着脚进行格斗和对抗，并会产生这样的疑问："跆拳道本身就是主要靠脚的动作来开展的一项运动，如果不穿鞋会不会很容易受伤，

或者让人感到反感呢？"

赤足是跆拳道流传至今的一个习惯和规矩，也就是说，在绝大多数跆拳道训练场或者赛场上都应该尽量赤足。

赤足可以让运动者更好地感知

从跆拳道运动自身的特点来说，脚部发挥着重要作用。跆拳道学练者的脚部力量和灵敏性直接影响着其在训练场上的表现。跆拳道学练者赤足训练可以让其脚部没有束缚感，利于其更好地完成各种动作，控制好身体重心，真正做到稳、准、狠。

想象一下，如果青少年穿着鞋在跆拳道训练场上进行训练，那么其在训练时一方面要顾及自己的鞋子是否会因为用力过猛而中途掉落，另一方面还可能因为鞋子的重量而无法做好某个动作。

跆拳道学练者赤足站在训练场或赛场中，可以让自己的肢体直接接触到馆内的各种设施，从而更直接感知周围环境中的一切。运动者光着脚训练时，身体的感知力会明显提升，这样在训练中可以更好地控制好自己的状态，做到均匀呼吸、气出丹田、力道适中。

在训练中，赤足可以使脚踢靶和护具时产生更具体的感觉，也能感受到自己的力度和打击面，从而可以及时调整自己的动作。

此外，赤足也能提高脚底的抓地力，增强虎趾（前脚掌）的硬度以及脚趾的关节柔韧性等，让脚部得到更好的锻炼。

当然，赤足训练对于提高脚踝的爆发力也有一定作用，可以更好地进攻和反击。

总之，赤足对提高脚部格斗和对抗能力很有帮助。因此，为了提高跆拳道的水平，不妨坚持赤足训练。

指│点│迷│津

赤足还是穿鞋要视具体情况而定

虽然赤足是跆拳道训练的一个不成文的规矩，代表着一种礼仪，还能在一定程度上提升跆拳道的水平，但这并不是说在任何场合都必须赤足。

- 跆拳道运动也有专门的鞋子，其与一般的鞋子不太一样，有点像不带钉子的足球鞋，很轻，很软。
- 虽然大多数情况下跆拳道是选择赤足训练，但是，如果场地的地面不适合赤足（如室外或木质地板），就可以选择穿上道鞋进行训练，这样可以对脚起到保护作用。
- 在跆拳道比赛中是不允许穿鞋的，这是一条规定。跆拳道比赛中可以穿护脚来保护脚部。

第三章

养精蓄锐：打好体能基础

跆拳道强调呼吸、发声扬威，学会呼吸、发声的技巧可以增加青少年在跆拳道实战中进攻或反击时的气势。

上肢与躯干配合腿部动作，腿部的体能情况直接决定着跆拳道学练者攻防时的腿法表现、攻防效果与安全。

跆拳道是一项挑战体能的运动。青少年跆拳道学练者应该打好体能基础，体能越好，就越能充分地展示出自身在跆拳道运动中的实力。

呼吸发声

各抒己见

由于跆拳道是一项以有氧代谢为主、以无氧代谢为辅的运动,所以呼吸发声在跆拳道运动中极为重要。对于青少年跆拳道学练者来说,在打基础的阶段就要掌握好正确的呼吸发声方法。

那么,如何开展呼吸发声训练呢?

接触过跆拳道的人都知道,懂得正确的呼吸发声方法并且与跆拳道的相关动作配合起来,可以取得意想不到的效果。

呼吸发声——跆拳道训练的重要内容之一

跆拳道是一种以有氧代谢为主、无氧代谢为辅的运动,掌握正确的呼吸发声方法是跆拳道学练的一项重要内容。

跆拳道的技术动作通常都非常连贯且迅速，尤其在一些品势的对抗中，呼吸发声与动作的协调配合极其重要。

相信许多看过跆拳道比赛的人，都会被那洪亮且有一定韵律的"哈""啊嚓"等喊叫声所吸引。

学练者在跆拳道的对抗过程中瞬间发出的短促且有力的叫喊声，可以让其更好地吐气，形成一股气与力、意与形、内与外协调配合的劲儿，进而爆发出去，产生惊人的力量。

跆拳道学练中大力发声

对于一个跆拳道选手来说，如果肺活量不足，就很容易出现头晕、恶心、疲劳等现象。因此，在跆拳道学练中，运动者要积极主动地学习正确的呼吸与发声方法。

青少年掌握了正确的呼吸发声方法，一方面能让身体的所有力量集中在攻击点上，从而具备更大的爆发力和耐力；另一方面可以满足身体用氧的需求，减少大运动量给身体带来的不适。

"闭气蓄力"——呼吸与发声要达到的一种境界

学练者在发力时会不由自主地大口呼吸，同时紧闭声门，腹肌和呼吸肌会用力收缩，这就会大大增加学练者胸内的压力，从而使肺内的气体没法正常地呼出来。在这种情况下，学练者在完成某些动作时很容易会受到影响。因此，跆拳道学练者有必要加强呼吸与发声的协调训练，让二者达到可以成为一种无意识的条件反射的动作，即达到"闭气蓄力"的境界。

跆拳道技术动作的呼吸与发声要领

发声能够增大跆拳道学练者的发力，但这需要一个适应的过程，要慢慢地感觉到气从丹田而发。每做一次技术动作都进行一次呼吸，呼吸发声是在动作中完成的。在进行踢腿练习时，为了达到发力的要求，学练者可以深吸气，在发力的瞬间，闭气要短，呼气要是喷吐式的且伴有洪亮的发声，做到每个技术动作都做到声、气、力一体。

在跆拳道运动中，学练者的叫喊声不是喉咙喊出去的，而是通过

对气息的控制发出的。

人体发声的动力与基础就是气息。声音的高低、强弱、长短以及共鸣情况与气息的速度、流量、压力的大小均有关系。因此，作为有着深厚功底的跆拳道学练者，其发出的声音一定是极具战斗力的。

呼吸与发声的训练方法

如果没有呼吸带来的气息，声带是无法颤动发声的。而且只是声带发出声音也是不够的。想让嗓音富有弹性、响亮，就要不断供给声带气流。这里就教给大家一种控制气流进而控制声音的有效方法——腹式呼吸法。

需要指出的是，吸气时用鼻子用力吸入空气，且吸到肺部的最下端（横膈膜处），使肋骨自然地向外扩张，直到腹部有发胀的感觉时，小腹慢慢收缩；吐气时要让横肌膜保持扩张状态，目的是防止因泄气而失去声音的气息，从而导致说出的话前强后弱、上气不接下气。

练习气息的具体步骤如下：

- 两脚开立，与肩同宽，两手握拳，屈肘，让内心彻底平静下来，躯干微微前倾，头部摆正，两肩尽量放松。

- 两手五指撑开，掌心朝向身体前方，两手臂伸直且互相平行。

> 小腹略微收紧，舌尖抵住下腭，从容吸气，感受到气流是沿着脊柱向下游走的，后腰逐渐有膨胀感。两肋向外扩张，小腹逐渐紧张，吸气至七八成满；两手径直向身后拉，坚持两秒。

> 两手握拳向身体前方用力击出，发力瞬间伴随吐气，让气息均匀且短促地喷出。发声吐气时尽可能稳健，做到慢吸快呼。呼气发声最好持续40秒。呼气时间最好控制在25～30秒。

呼吸训练的步骤

发声时要注意将对气息的控制放在首位。

在训练发声时，不要觉得发声只是一种单纯的发声，而要将其与自己的身心完全融合起来，犹如从外面听自己讲话或反馈信息时的感觉。最关键的是，跆拳道学练者应该将"声、气、力"融为一体，并且发声不能仅停留在喉咙附近，或者仅将其置于身体的某个部分。要通过发声让自己兴奋起来，将发声转化成身体的一种行为。在训练发声时，跆拳道学练者要高度集中注意力，用心去感受和领会每一个技术动作，并且将发声与发力的感觉存储在大脑中。

相关研究早已证实，人的吼叫声可以暂时性地提高大脑的兴奋性，发掘出力量的潜力，使身体的力量得到充分发挥。

切记，发声时要尽可能让头部伸直、降低下巴。

比如，在做踢腿练习时，要先深吸气，在发力的瞬间短暂闭气，再呼气，同时以喷吐式发出洪亮的"呵嚓""啊嚓"等声音。

这里就来看看如何进行发声的训练。

- 身体站直，两脚开立略比肩宽，十指自然展开，前伸。

- 微屈两膝，两手缓缓向下、向后用力伸展，同时吸气，气沉丹田。

- 两手握拳，落于肚脐两侧，同时发声吐气。

发声训练方法（一）

- 身体站直，两脚开立略比肩宽，十指自然展开，向上缓缓伸展，同时吸气。

- 两手向身体两侧平伸，气沉丹田。

- 两手握拳，向两大腿内侧用力冲拳同时发声吐气。

发声训练方法（二）

指|点|迷|津

跆拳道的发声要点

- 在发声时,青少年跆拳道学练者要尽量气出丹田,让声音清晰且响亮,要能听出一种胆气。

- 对于是否发声切不可犹犹豫豫。在激烈的对抗中,瞬间的犹豫都可能导致失败。因此,青少年要事先做好发声的准备,做到在关键的时刻果断发声。

- 发声不可太单调,否则很容易让对手猜测到你的下一个招数,从而起不到出其不意或声东击西的效果。

上肢与躯干训练

上肢与躯干在跆拳道运动中发挥着重要的作用，它们可以配合腿来完成各种各样的招式，让跆拳道运动中的动作看起来更加自由、和谐。

上肢和躯体都是人体的重要组成部分，在跆拳道运动中也肩负着重要任务。

上肢训练

跆拳道运动对学练者上肢的力量素质有着较高要求，所以在平时的学练中要着重训练上肢的力量。

训练上肢力量的方法主要有很多，这里推荐几种常用的训练方法。

肩

上臂

肘

前臂

手

上肢的构成

◆ 俯卧撑

俯卧撑主要可以锻炼青少年跆拳道学练者的肱三头肌，同时对三角肌前束、前锯肌和喙肱肌以及其他身体部位的锻炼也很有效果。提高上肢的肌肉力量是俯卧撑的主要作用之一。以下是俯卧撑的基本动作要领。

- 身体伸直，俯卧在地面上。

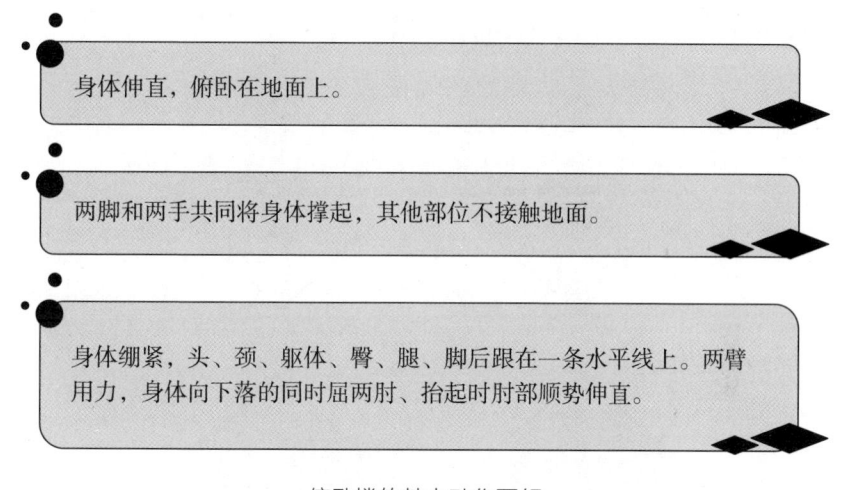

- 两脚和两手共同将身体撑起，其他部位不接触地面。

- 身体绷紧，头、颈、躯体、臀、腿、脚后跟在一条水平线上。两臂用力，身体向下落的同时屈两肘、抬起时肘部顺势伸直。

俯卧撑的基本动作要领

俯卧撑按照身体的姿势可以分为三种：

高姿俯卧撑　　中姿俯卧撑　　低姿俯卧撑

俯卧撑的三种身体姿势

高姿俯卧撑就是在做俯卧撑时要让手的水平位置高于脚的水平位置，手和脚不在一个水平面上。

中姿俯卧撑就是标准的俯卧撑，即在讲解俯卧撑动作要领时提到的训练方式，其要求脚和手放在一个水平面上。

低姿俯卧撑与高姿俯卧撑相对应，其要求练习者在做俯卧撑时要让脚的水平位置高于手的水平位置，二者不在一个水平面上。

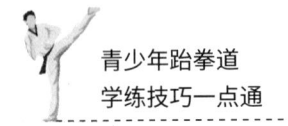

按照两手之间的距离可以将俯卧撑分为四种：

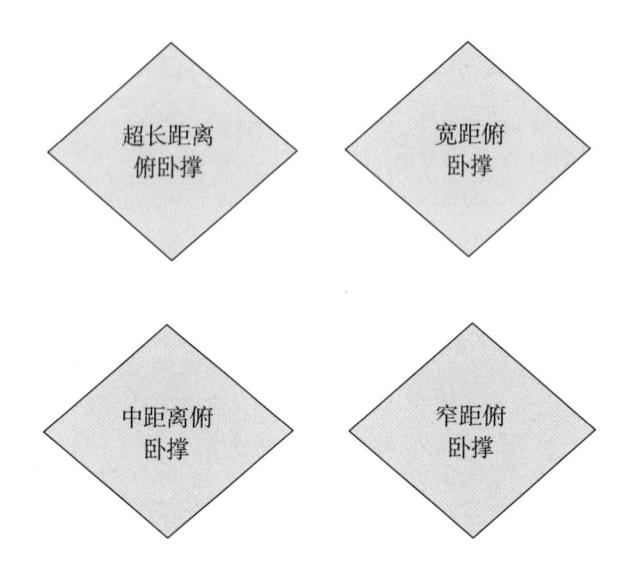

超长距离俯卧撑　　宽距俯卧撑

中距离俯卧撑　　窄距俯卧撑

两手不同距离的俯卧撑

超长距离俯卧撑，即让肘关节的角度调整成大于135°的俯卧撑，其对锻炼肱二头肌特别有用。

宽距俯卧撑，即两手距离大约是肩宽的1.5倍，对锻炼胸大肌外侧、肱三头肌、三角肌前束很有效。

中距离俯卧撑，即让两手距离略宽于肩宽，对锻炼胸大肌中部、三角肌前束、肱三头肌很有用。

窄距俯卧撑，即让两手距离小于肩宽，对锻炼胸大肌内侧、三角肌前束、肱三头肌特别有效。

◆ 杠铃屈臂

杠铃的功能主要有三个：增强肌肉耐力；锻炼核心肌肉力量；提

高身体协调性。

跆拳道学练者要想增强上肢的力量就可以选择杠铃来进行屈臂训练。青少年应结合自身的实际情况选择适合自己的杠铃重量。

杠铃屈臂的具体动作要领如下。

> 身体站直，两脚开立，腹部收紧，两手朝身体内侧握住杠铃，两手距离与肩同宽。

> 两臂用力将杠铃提至大腿前，膝盖微弯，腹部收紧，屈肘，用力抬起杠铃，直到抬至靠近锁骨的位置。

> 放松，伸直两臂，将杠铃慢慢下落至大腿前。多次练习。

杠铃屈臂的动作要领

◆ 卧推杠铃

卧推的全称是仰卧推举。卧推主要可以锻炼到手臂肌群、肩部肌群、胸部肌群、背部肌群、核心肌群等。

需要注意的是，青少年在练习杠铃卧推时要有同伴的保护和帮助。保护者要站在练习者的头后方，如果发现练习者没法完成动作时，要及时帮忙。另外，如果发现练习者的杠铃不平衡或者推起的轨迹不标

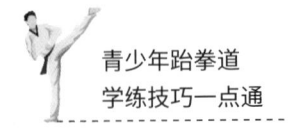

准时，要及时纠正。

卧推杠铃的动作要领如下。

- 身体仰卧在一条结实、稳固的长凳上，两臂伸直与肩同宽。

- 两手朝上握住杠铃，屈两肘，让杠铃落至胸前但不可接触到胸部。

- 两臂用力举起杠铃，直至两臂伸直，维持几秒钟，重复动作。

卧推杠铃的动作要领

每组 10 次，共做 3～5 组，间歇 3 分钟。

躯干训练

躯干就是除头、颈、四肢外的躯体部分。对于跆拳道学练者而言，训练腹部的力量和腰部的柔韧性非常重要。

柔韧性，指人体关节活动幅度及关节韧带、肌腱、皮肤及其他组织的弹性和伸展能力。

这里重点说一说如何进行这两个部位的训练。

◆ 仰卧起坐

仰卧起坐是一种简单有效的锻炼方式，动作简单，而且对环境没有过多要求，无须借助任何器械。

仰卧起坐主要锻炼的是上腹部的肌肉，包括腹直肌、腹外斜肌和腹斜肌。

仰卧起坐的动作要领如下。

> 身体仰卧在垫子上，两腿并拢，屈两膝，大约成90度，两脚由他人固定起来，两手置于两耳附近。

> 腹部收紧且用力，臀部以上迅速离开垫子直至上体坐起；放松后仰，恢复最初姿势。

仰卧起坐的动作要领

◆ 负重仰卧起坐

如果在做仰卧起坐时感到毫无压力，青少年跆拳道学练者可以进一步挑战负重仰卧起坐。负重仰卧起坐主要可以锻炼腹直肌，其动作要领同一般的仰卧起坐一样，只是要两手持杠铃或类似重物置于脑后，坐起的同时也将杠铃抬起。负重仰卧起坐每组做10～15次，共做4～6组，每组间歇2分钟。

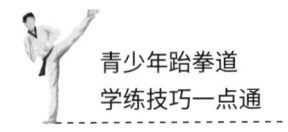

◆ 仰卧斜起坐

仰卧斜起坐主要锻炼的是腹外斜肌的力量。仰卧斜起坐的动作要领同一般的仰卧起坐一样,但在坐起时要将上半身斜向身体左侧或右侧。在做仰卧斜起坐时,可以加大难度,如可以负重。仰卧斜起坐每组做10～15次,共做4～6组,每组间歇2分钟。

指|点|迷|津

做仰卧起坐的注意事项

虽然做仰卧起坐对锻炼青少年腹部肌肉的力量非常有效,但方法必须正确。具体要注意以下事项。

- 如果初次做仰卧起坐训练,每次做仰卧起坐的次数不要超过10个,每完成一次仰卧起坐,需要站起来活动一下或者躺在原地休息一会儿,让腹部肌肉得到放松。
- 在做仰卧起坐时不可太强调速度,因为其主要是以耐力训练为目标的,并非做得越快就越有效果。
- 在做仰卧起坐时,为了避免腹肌训练的不协调,应该增加身体右肩带向右腿、左肩带向右腿的旋转动作。

◆ 仰卧举腿

仰卧举腿主要锻炼的是腹直肌下部肌群。仰卧举腿看似简单,但做起来也不能随心所欲,要掌握标准的动作要领。

- 身体仰卧在垫子上,两腿自然并拢,下背部紧贴垫子,两臂落于地面。

- 两腿向上自然举起,直至两大腿与躯干成直角,稍作停顿。两腿慢慢放下,恢复到最初位置。

仰卧举腿的动作要领

◆ 前俯腰

前俯腰主要可以锻炼腰部向前运动的能力和柔韧性,其动作要领如下。

- 弯腰前俯,两手心尽可能朝地面下压,两膝绷直。

- 两脚两腿绷直、靠紧,膝盖夹紧。

- 两手抱紧两脚后跟,让胸部触碰到双腿,充分伸展腰背部,保持一定时间,放松,还原。

前俯腰的动作要领

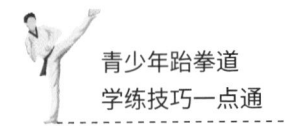

当两手接触地面时，还可以向左侧和右侧转腰，从而增大腰部在伸展时向左右转动的柔韧性。

◆ 后甩腰

后甩腰训练有助于增强腰部向后运动时的柔韧性，其动作要领如下。

> 两脚并列紧靠站立，两手臂伸直落于身体两侧。

> 一条腿支撑整个身体，另一条腿伸直且向后上方摆动，两臂伸直，随上身向后屈做向后的摆振动作，充分压紧腰背，伸展腰椎。

后甩腰的动作要领

◆ 腰旋转

腰旋转主要可以锻炼腰部向左右旋转的幅度和力度，其动作要领如下。

> 两脚开立，略比肩宽，两手叉腰。

第三章
养精蓄锐：打好体能基础

- 先以髋关节为轴做体前俯，再以腰为轴，让上身从前向右、向上、向左，再回到原位做顺时针或逆时针旋转。

- 两手臂随着上身的动作做顺时针或逆时针的绕环动作。

腰旋转的动作要领

在做绕环时，要尽量增大幅度，让速度从慢到快，这样会让腰椎关节得到充分的活动和伸展。

专注腿部训练

各抒己见

在跆拳道运动中，腿部发挥的作用是最大的，所以在打基础的阶段一定要重视对腿部的专门训练。有力而强健的腿部能在进攻或防守中拥有巨大优势，从而有更大的可能性获胜。通常，腿部的柔韧性和爆发力是需要重点锻炼的内容。那么，如何让腿部拥有更好的体能素质呢？

柔韧性和爆发力是腿部训练的重点

跆拳道运动强调两腿的踢的技术的运用，对练习者腿的柔韧素质和爆发力素质要求极高，在对抗中需要两腿不停转换、移动和攻击。因此，柔韧性和爆发力是腿部训练的重点，这样才能获得最佳的速度和力量。

跆拳道踢腿动作

🦵 腿部柔韧性训练的方法

训练腿部柔韧性的最典型方法就是压腿。压腿训练可以让腿部肌肉得到充分拉伸,从而可以在真正的跆拳道技术学练或运动实战中自主地控制腿部的肌肉。压腿的种类主要有以下几种。

◆ 正压腿

正压腿对锻炼腿部后侧肌肉的柔韧性特别有效,所以许多跆拳道运动者会选择正压腿的方式来进行腿部训练。正压腿的动作要领如下。

- 身体站直，面向一个有一定高度的物体（如横杆），将一条腿搭在物体上，脚尖勾紧。

- 两手扶按在腿部或物体上，两腿保持伸直，背部挺直。

- 髋关节摆正，上半身向抬高的腿的方向用力做下压动作。换另一条腿做相同动作。

正压腿的动作要领

◆ 侧压腿

侧压腿可以用来锻炼腿部内侧肌肉的柔韧性。侧压腿的动作要领如下。

- 身体站直且侧对着有一定高度的物体，一条腿支撑身体，另一条腿抬起并让脚跟搭在物体上，脚尖勾紧。

- 两条腿都伸直，腰部和背部都挺直；髋部朝向前方，上半身向高抬腿的侧方用力下压。换另一条腿做相同动作。

侧压腿的动作要领

◆ 后压腿

后压腿主要可以用于发展腿部前侧肌肉的柔韧性。

- 身体背对着有一定高度的物体，一条腿先独自支撑整个身体，另一条腿向后举起，让脚背搭在物体上，腿和脚背绷直。

- 上身挺直，两条腿伸直。

- 上半身用力向后方做后仰动作。换另一条腿做相同动作。

后压腿的动作要领

◆ 前压腿

前压腿可以发展腿部后侧肌肉的柔韧性。

- 身体坐在地面上，两腿伸直，两手落于身体两侧。

- 上半身尽可能前俯，腿绷直，两手扶住两脚脚面，头部紧贴小腿。

前压腿的动作要领

◆ 仆步压腿

仆步压腿对大腿内侧柔韧性的发展很有用。仆步压腿的动作要领如下。

> 两脚开立与肩同宽，一条腿屈膝全蹲，整个脚掌都紧贴地面；另一条腿伸直，膝盖不可弯曲，脚尖内扣尽可能伸向前方。

> 上身挺直，身体重心从之前的一只脚转移到另一只脚上，成另一侧的仆步，可以由一只手扶着膝盖，另一只手按住另一个膝盖，向下振压。

仆步压腿的动作要领

◆ 蝴蝶式压腿

蝴蝶式压腿就是让两腿成蝴蝶形状做压腿动作，其难度很适合跆拳道初学者使用。蝴蝶式压腿的动作要领如下。

> 身体成坐姿坐在垫子上，腰部和背部挺直，头部摆正。

> 两脚脚心相对，两手用力压住两脚，保持两脚脚心紧贴，同时两腿用力压向地面；重复压腿多次。

蝴蝶式压腿的动作要领

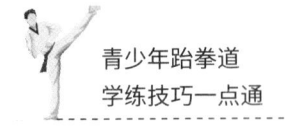

◆ 青蛙式压腿

青蛙式压腿就是身体像青蛙一样做压腿动作。青蛙式压腿的动作要领如下。

> 两手手臂伸直且掌心用力撑地,放在身体前方。

> 两腿成跪姿但两腿之间的距离尽可能拉宽,膝盖作为支撑点,膝盖及膝盖以下部位贴地。

> 臀部、腰背及后脑在同一水平线上,上半身向前倾斜。手臂及上半身保持不动,两腿尽可能向地面下压。

青蛙式压腿的动作要领

腿部爆发力训练的方法

爆发力,是指在最短时间里让身体移动到尽可能远的距离的肌肉力量。

如果跆拳道学练者的腿部爆发力不足,那么就很难练好跆拳道。也就是说,要想在跆拳道运动中学有所成,那就应该重点提升腿部力量,并且将腿部的爆发力训练好。这里简单介绍几种比较有效的腿部爆发力训练方法。

◆ 单脚后踢

单脚后踢可以有效地提高腿部的爆发力，其动作要领如下。

- 左脚在前、右脚在后站立。
- 身体前倾，重心落在左脚上，右脚用力蹬地。
- 下半身用力，猛地向上跳起，右腿顺势弯曲，脚背绷直。
- 右脚用力后踢，此时左腿无需过多用力，以确保落地平稳。

单脚后踢的动作要领

◆ 抱膝跳

抱膝跳的关键动作就是抱膝做跳的动作，其动作要领如下。

- 两脚离地迅速向上跳起。
- 躯干微微前倾，大腿尽可能向前高举，小腿自然下垂，身体做抱团状。

- 小腿前伸，上身伸直后落地。

抱膝跳的动作要领

抱膝跳时要注意：重复的次数最好不超过 10 次，否则容易因强度过大而造成体力不支，从而发生损伤。

◆ 撑地纵跳

撑地纵跳，就是双手撑地，然后完成一个纵跳的动作，其动作要领具体如下。

- 身体自然站立，两手自然垂放在身体两侧。

- 屈膝，两臂做后摆动作。

- 两手臂用力向上举起且两脚蹬地，原地起跳。

- 下落时，两手臂顺势从两侧慢慢放下，两脚完全着地时用两手掌触地。

撑地纵跳的动作要领

指|点|迷|津

压腿要注意的细节

并不是遵照基本的动作要领进行压腿就一定能获得理想的锻炼腿部柔韧性的效果。压腿训练还需要注意一些细节，这样才能更好地锻炼腿部的柔韧性。

- 压腿之前做好准备活动，可以做一些腰、胯、膝、踝关节、腿部肌肉的准备活动。
- 压腿时要注意保持身体的平衡，避免摇晃和跌倒。特别是身体机能和力量发展不太成熟的青少年练习者，更要注意平衡性。
- 压腿时的动作要放缓，否则很容易拉伤肌肉或撕裂韧带。
- 压腿训练的时间不可太长，每条腿控制在15～20次，时间控制在10分钟以内。

第四章

新手入门：跆拳道技术学练

在学练跆拳道的过程中，不仅要注重提升体能，更要熟练掌握技术。

无论是有力的攻击还是出色的防守，都有赖于基本站姿和实战姿势，更离不开有气势的拳法与肘法，以及变幻莫测的步法与踢法，它们是跆拳道技术的重要内容，更是新手必须学练的内容。

新手入门，先从跆拳道技术学练开始吧。

基本站姿

各抒己见

很多运动项目都非常注重基本站姿，跆拳道也是如此，学练基本站姿可以说是学习跆拳道的第一课。

你知道为什么跆拳道的基本站姿如此重要吗？你知道学练跆拳道都要掌握哪些基本站姿吗？

为什么要学习基本站姿呢？其目的是要调控重心。如果不能调节和掌控重心，就无法学练跆拳道，更不用说提升攻击力了。

双脚立

双腿自然开立，与肩同宽，双足平行，抬头挺胸，眼睛看向前方，

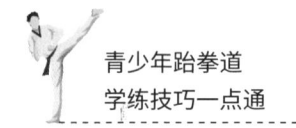

双手握住腰带放在腰间，重心保持在双脚之间。

指|点|迷|津

不可忽视的跨立姿势

跨立是一种非常自由和轻松的站立姿势，不用于实战。同时，跨立也是一种表示尊重的站姿，属于跆拳道礼仪中的一项。当教练讲授相关技巧时，练习者要以跨立的姿势站好，同时认真听讲，以表示尊重。

◆ 骑马立

双脚开立，脚间距稍微比肩宽一些，屈膝，两脚平行，抬头挺胸，眼睛看向前方，重心放在两脚之间。

需要注意，两腿的膝关节不要弯曲得太厉害，稍微弯曲即可，而且双脚的横面要形成一条直线。

◆ 竖半月立

以骑马立姿势为基础，左脚或右脚向前迈出，距离为1.5个肩宽，膝盖稍微凸起，上身挺直，一只手握拳位于腰间，拳心朝上，另一只手握拳伸出，拳心朝下，与肩平行，眼睛看向前方，重心放在前脚上。

第四章
新手入门：跆拳道技术学练

竖半月立

◆ 前屈立

双脚前后分开站立，前脚与后脚之间的距离大约两个脚掌，前腿膝关节稍微弯曲，后脚蹬地，后腿伸直，重心放在前脚，上身挺直，眼睛看向前方。

▶ 097

◆ 后屈立

与前屈立动作基本相同,只是重心放在后脚,上身挺直,眼睛看向前方。

单足立

一条腿站立,膝关节稍微弯曲;另一条腿提起,同时足背勾贴于站立的那条腿的膝关节后面。重心位于站立的支撑腿上,上身挺直,眼睛看向前方。

实战姿势

各抒己见

在正式的跆拳道实战对抗或比赛中,如果细心观察,你就会发现,跆拳道学练者或选手们都会双脚前后蹬地,双手前后握拳,摆出一副对抗的姿态,气势十足。你知道这是一种什么姿势吗?你知道这种姿势的作用和要领吗?

跆拳道实战姿势(也称格斗姿势)是指用在实战对抗中的一种站立姿势。实战姿势是跆拳道比赛或实战中的基本姿势,也是起始姿势。

实战姿势有着不同的形式,而且出于战术考虑,跆拳道学练者也会形成自己的实战姿势。因此在练习或比赛过程中,跆拳道学练者或选手可以根据实际情况来选择或调整实战姿势。一般将左腿在前的实战姿势称为左实战姿势,右腿在前的实战姿势称为右实战姿势。

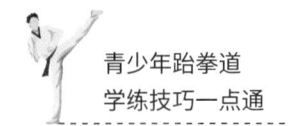

下面就以左实战姿势为例进行说明。

实战姿势动作方法

两脚前后开立，与肩同宽，前脚尖斜向前方，与地面呈45°角，两腿膝关节微屈，重心放在两腿之间。上身挺直，两臂弯曲抬起置于胸前，两手握拳，拳心相对。头部摆正，眼睛看向前方。

左实战姿势

实战姿势动作要领

实战姿势看似简单，实际上有很多的细节和要领需要掌握。具体如下。

- 身体站立要自然，肌肉放松。
- 膝关节松懈程度适中，既要放松，也不能过于放松而失去弹性。
- 身体时刻待发，精神集中，心无旁骛。

实战姿势的动作要领

指│点│迷│津

实战姿势的易犯错误和纠正方法

实战姿势看似简单，但要做到动作准确、气势逼人并不容易。

要想练好实战姿势这一起始站姿，并用于实战对抗，就需要勤加练习，同时及时发现和纠正实战姿势的一些易犯错误。

常见的学练实战姿势时的一些易犯错误包括：身心紧张，肌肉僵硬；重心不稳，起动费力；膝关节直立，没有弯曲，缺乏弹性；等等。

要想掌握实战姿势，纠正常见的错误，可以采用照镜子练习的方式，这样可以查看自己的每一个动作是否正确，进而掌握正确的实战姿势。

拳法与肘法

各抒己见

众所周知，跆拳道是以灵活潇洒的腿法著称于世，殊不知其拳法和肘法也是颇具气势，攻击力极强。

那么，你知道跆拳道都有哪些拳法和肘法吗？你知道这些拳法和肘法的动作要领吗？

拳法

拳法是从腰部发力，用于攻击对方面部、胸部、腹部等的技法，属于跆拳道技法中的重要组成部分。跆拳道的拳法类型多样，作用也各不相同。下面就来认识几种常见的拳法。

◆ 正拳

实战姿势站立，双手握拳，左拳从胸前伸出，与肩成一条直线，拳心向下。当动作完成之后，按照原路线返回，恢复实战姿势。冲拳时左右动作相同，但方向相反。在攻击对方的头部和躯干时，多采用正拳技法。

正拳

在练习正拳时要注意，应充分借助蹬地、转腰等力量来完成动作。冲拳时果断有力，动作应连贯流畅。

◆ 勾拳

双腿分开，自然站立，双手握拳，左腿向前迈出，右脚蹬地，左拳由腰间向前上方打出，左胳膊小臂与小臂之间呈90°。右侧练习方法与左侧相同。

在练习勾拳时，出拳要有力，动作要顺畅。

◆ 锤拳

双脚开立，略宽于肩，左手握拳，拳心向上，位于腰间。右手握拳，拳眼朝上，向前锤出。右侧练习方法与左侧相同。

在练习锤拳时，力量要达到拳轮部位，动作要流畅。

◆ 抄拳

左脚向前跨出，呈三七步，重心随左腿迁移，伸出左手去抓对方衣襟，同时回拉，此时位于腰间的右手握拳自下而上抄起，用拳面攻击对方下颌或腹部。右侧抄拳练习方法与左侧抄拳相同。

在练习抄拳时，力量要达到拳面部位，动作要流畅。

肘法

在跆拳道实战对抗中，不仅腿的威力强大，肘的攻击力也不容小觑。肘骨坚硬有力，活动灵敏，而且撞击力很大，能在近身搏击中起到攻击和防守的作用，所以肘法练习是跆拳道练习的重要内容。

◆ 顶肘

实战姿势准备，后脚蹬地提力，同时上身扭腰送力，抬起手臂，小臂弯曲，力量送达肘尖，肘尖向外顶出，以攻击对方。

肘击

需要注意的是，无论是否击中对方，都要快速收回手臂，准备再次攻击或者及时防守。此外，无论是左肘出击还是右肘出击，手都要握拳，同时拳心向下，保持大臂与肩膀处于同一水平线。

◆ 扫肘

以左肘扫肘为左扫肘，以右肘扫肘为右扫肘。

以右扫肘为例，在实战姿势的基础上，后脚蹬地提力，上身扭腰送力，同时抬右臂，小臂弯曲与前臂呈30°，上臂与上体呈90°，将右肘向右送出，力达小臂后半段至肘尖，以此攻击对方。

同顶肘一样，在扫肘时，无论是否击中对方，都要快速收回手臂，以做好防护或再次进攻的准备。

◆ 砸肘

在实战姿势的基础上，后脚蹬地提力，上身扭腰送力，提起手臂，弯曲肘关节，力达肘尖，用肘尖由上而下迅速砸击对方头部、额部或腿部。

无论是否击中对方，都要快速收回手臂，以做好防护或再次进攻的准备。

◆ 挑肘

挑肘的动作方向与砸肘的动作方向相反。挑肘时，力量集中到肘尖，从下往上进攻对方下颌部位。

挑肘过后，迅速收回手臂，以便防守或准备下次进攻。

指｜点｜迷｜津

肘部的攻守作用与注意事项

在跆拳道运动中，肘部既可攻又可守，威力强大。

用于进攻，肘部适用于近战，可用来攻击对方的颈部、胸部、背部、肋部等。

用于防守，肘部可锁住对方的拳，抵挡对方的脚踢的力量和顶膝的力量。

需要注意，在用肘部攻击时，应以肘尖部位攻击对方，因为肘尖非常坚硬，而且用肘攻击时，肘部的力量基本上集中在肘尖。

步法与踢法

步法

各抒己见

跆拳道比赛中，运动员需要不停地移动。但他们的步伐并不是杂乱无章的，而是有一定的规律。

那么，你知道跆拳道的步法都有哪些吗？你了解它们的动作规律和要领吗？

什么是跆拳道步法呢？跆拳道步法就是指练习者在选择合适的攻击位置时所采用的脚步移动方法。

学练跆拳道，只有掌握了跆拳道的基本步法，才能保障各项战术的有力实施。下面一起来认识和学练跆拳道中的一些基本步法。

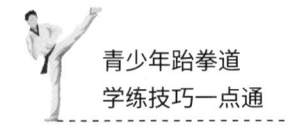

◆ 上步

左实战姿势站立,后脚蹬地向前跨步,同时扭腰转胯,身体旋转180°,形成右实战姿势。

需要注意,上步移动距离不要过大,移动路线呈直线,要保持重心平衡。

通常,上步主要是为了接近对方,逼迫对方进攻或后退。

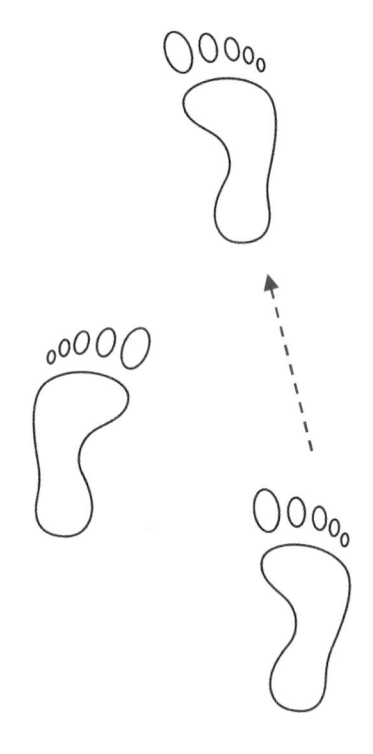

上步

◆ 退步

左实战姿势站立，前脚蹬地向后撤步，同时扭腰转胯，身体旋转180°，形成右实战姿势。

需要注意，退步时保持重心平衡，两臂随着身体自然摆动。

通常，退步是为了躲避对方的攻击。

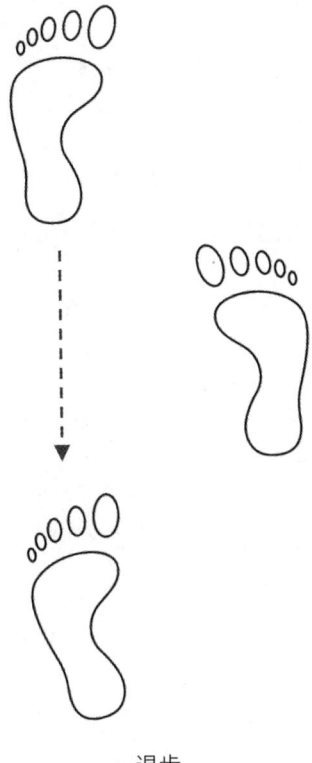

退步

◆ 前进步

从左实战姿势开始，左脚先向前滑步，右脚同时跟上，两脚距离与刚开始的距离相同，最后姿势与开始姿势相同。

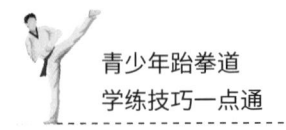

需要注意，重心要始终在两腿之间，保持平稳，不要左右摇晃。

前进步同上步的作用相同，主要用于接近对方，逼对方后撤。

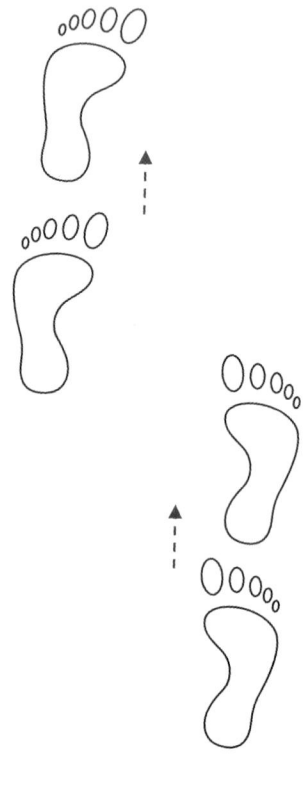

前进步

◆ 后退步

从左实战姿势开始，右脚稍微抬起，左脚用力蹬地，右脚向后退步，同时左脚跟上，两脚距离与刚开始的距离相同，最后姿势与开始姿势相同。

需要注意，后退时，距离不要太大，滑动时保持重心平稳。后退步常用于后撤防守时。

后退步

◆ 左移步

左实战姿势站立，右脚蹬地发力，左脚往左移动一脚距离，重心左移，随后右脚跟上，两脚距离与刚开始的距离相同，最后姿势与开

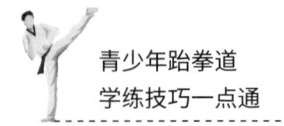

始姿势相同。

需要注意，左脚向左移动的同时，重心应随之移动。

左移步是躲避右侧对手的攻击时常采用的一种步法。

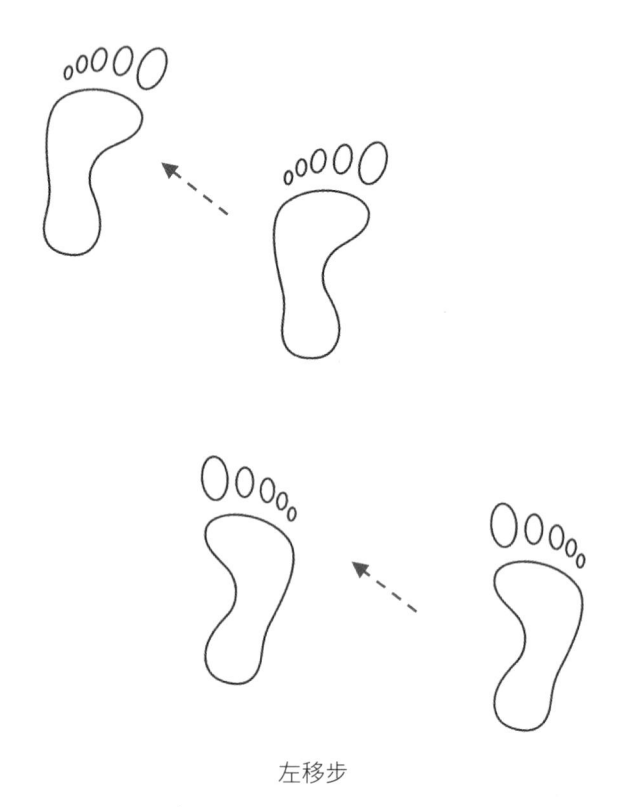

左移步

◆ 右移步

左实战姿势站立，左脚蹬地发力，右脚往右移动一脚距离，重心右移，随后左脚跟上，两脚距离与刚开始的距离相同，姿势与开始姿势相同。

需要注意，右脚向右移动的同时，重心应随之移动。

当受到对手连续的攻击，而又来不及后退时，就可以采用右移步来退避对方攻击，同时接近对方，与对方形成对峙。

右移步

◆ 跳换步

左实战姿势站立，两脚同时蹬地微微跳起，身体左转180°，两脚交换位置同时落地，变为右实战姿势。

需要注意，在跳转时，动作要迅速，弹跳不宜太高，重心要平稳。

跳转步主要用于和对方形成开式站位，或阻止对方发挥优势腿的威力。

跳换步

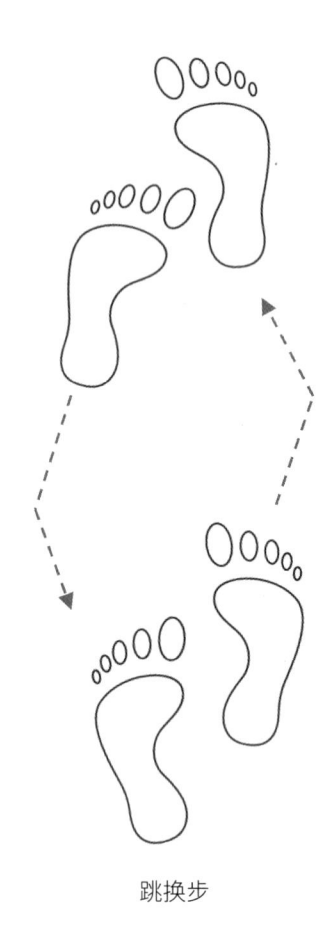

◆ 交叉步

左实战姿势站立，右脚交叉向左脚前方迈出一步，随机左脚跟上，最后姿势与开始姿势相同。

需要注意的是，在跨步向前时，重心尽量保持平稳，两脚离地不宜过高。

使用前交叉步可迅速接近对方，方便实施腿部动作以发动攻击。

交叉步

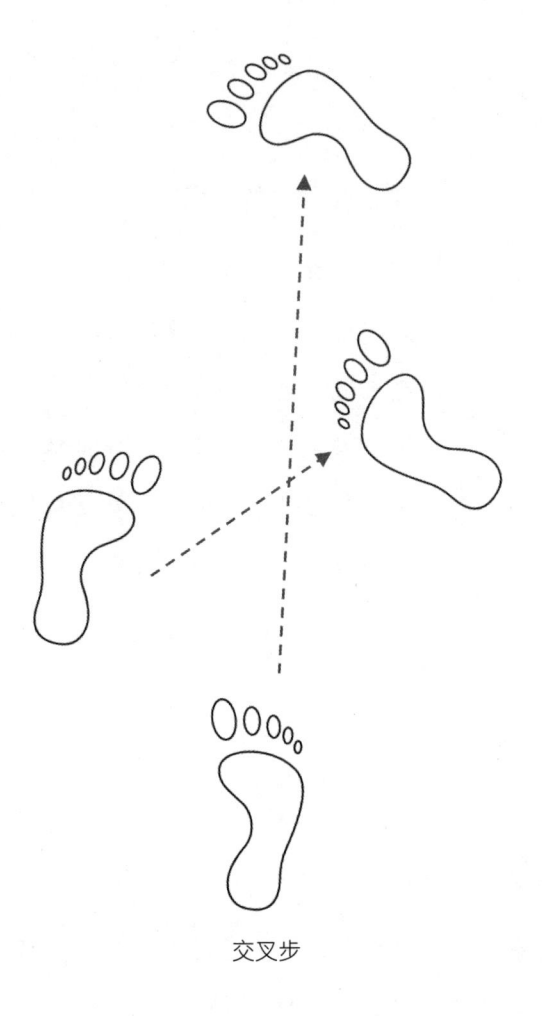

◆ 冲刺步

冲刺步与前进步动作类似，唯一的区别是冲刺步速度更快。

在使用冲刺步时，速度要快，动作要敏捷，当发现对方出现防守破绽，就可以使用其他技术进行攻击。

指|点|迷|津

训练步法时的注意事项

训练步法是为了有效提升练习者的跆拳道技术，以便练习者能够选择适合的位置发动攻击。在学练步法时要注意以下几点。

- 步法移动不可固定死板，应根据双方的具体情况灵活选择。
- 在具体的实战对抗中，可以用小碎步进行调整。
- 无论采用哪种步法，在移动过程中一定要准确、迅速。

踢法

各抒己见

你知道跆拳道中的"跆"是什么意思吗？其实，"跆"就是跆踏之意。在跆拳道运动中，将近有90%的动作是以踢的动作为基础的，这也是跆拳道的一个显著特点。

那么，你知道跆拳道都有哪些踢法吗？你了解这些踢法的动作和要领吗？

各种不同的踢法在跆拳道运动中发挥着巨大的威力，甚至能够一招制胜。下面就来认识一下跆拳道的基本踢法。

◆ 前踢

实战姿势站立，右脚用力蹬地，右腿提膝，重心转移至左脚，同时以左脚掌为轴身体向左旋转约90°，右腿送髋、顶髋，小腿迅速向前踢出，力达脚尖或脚掌，之后右腿快速收回，恢复成实战姿势。

需要注意，在右腿踢出后，腿要伸直，小腿回收时要迅速。

前踢技法既可进攻，也可防守，进攻时可踢击对方面部、下颏、腹部。

◆ 推踢

实战姿势站立，右脚蹬地，右腿提膝，重心移至左脚，以左脚脚掌为轴身体向左旋转约90°，上体稍微后仰，右腿踢腿推向正前方，力达脚掌，脚底朝向对方，之后右腿快速回收，恢复成实战姿势。

需要注意，在推踢时，膝关节尽量抬高一些，身体往后倾时要保持身体平衡。

推踢同样既可进攻也可防守，进攻时可踢击对手胸部，防守时可以阻截对方的进攻。

◆ 横踢

实战姿势站立，右脚蹬地，右腿提膝夹紧小腿，重心转移至左腿，以左脚脚掌为轴身体向左旋转，上身稍微倾斜，右腿顺势踢出，力达脚背，之后右腿快速回收，恢复成实战姿势。

需要注意，在提膝踢出时，腿要呈一条直线，脚面绷直，整个动作连贯流畅。

横踢主要用于攻击对方的头部、躯干和腿部等，威力较强。

横踢

◆ 下劈踢

实战姿势站立，右脚蹬地提右腿，重心移至左腿，右腿伸直踢过头顶，然后迅速下压，呈下劈姿势，力达脚跟，之后右腿快速回收，恢复成实战姿势。

需要注意，在向上抬腿时，踝关节要高过头顶，重心要保持平衡，整个动作要干净利落。

下劈踢主要用于攻击对方的头部和面部，攻击性很强。

下劈踢

◆ 后踢

实战姿势站立，右脚蹬地右腿提起，小腿折叠，重心移至左腿，身体向外旋转，上身下沉，然后右腿沿直线迅速蹬出，力达脚跟，之后右腿快速回收，恢复成实战姿势。

需要注意，转身与后蹬应同步进行，在后踢的过程中保持重心平衡。

后踢可攻可守，可用于攻击对方头部和胸腹部，也可以用于阻截对方进攻。

后踢

◆ 后旋踢

实战姿势站立，右脚蹬地抬腿，身体向右后方转动，重心移至左腿，右腿随着转体自左向右沿弧线踢击，右腿伸直，力达脚掌，之后右腿快速回收，恢复成实战姿势。

需要注意，左腿要积极配合身体的旋转，同时保持重心稳定，转身和后蹬动作同步进行。

后旋踢主要用于攻击对方胸、头部等，也可用于阻截对方的攻击。

◆ 双飞踢

实战姿势站立，提右腿使用横踢，重心转移至左腿，右腿横踢之后，右脚还未落地时提左腿使用横踢，动作完成之后快速收腿，恢复成实战姿势。双飞腿实际上就是在空中连续做两个横踢。

需要注意，在身体腾空两腿交换时，要利用扭腰转髋的力量，第一攻击腿要先落地，整个双飞踢动作要快速连贯。

双飞踢的攻击力极强，而且速度快，主要用于攻击对方的面部、胸腹部和肋部。

指|点|迷|津

跆拳道踢法的原则

在学练跆拳道踢法时，不仅要掌握各个踢法的动作要领，还要知道如下几项基本原则。

- 踢击力在攻击到目标之时完全爆发。在抬腿踢击时，腿部肌肉要放松。肌肉过于紧张，会降低速度，也会影响踢击力度和效果。故应放松腿部肌肉，提高踢击速度，同时在接触到攻击目标之时爆发全部力量。
- 尽可能地抬高膝关节和腿部。无论使用哪种踢法，都尽量抬高膝关节和腿部，这对于平衡的把握、弹性的发挥和速度的提升

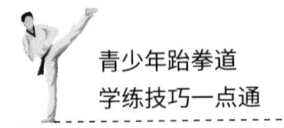

都很有帮助。

- 腰部和腿部尽量维持在一条直线上。一个强有力的踢击，依靠的不仅仅是腿部肌肉的用力，而是全身肌肉共同用力。在练习跆拳道踢法时，尽量使腰部和腿部保持在一条直线上，因为扭腰的动作可以带动全身发力，再加上腿部的力量，最后踢击的力度会大大增加。

- 不规律地变换步法和姿势或减少不必要的动作。在学练跆拳道时，很多人喜欢不断跳动，此时要注意跳动动作要持续不断，而且要不断变换步法，以免给对方留下可乘之机。有些人在学练中喜欢保持身体不动，此时要注意出击时身体要灵活，动作要迅速，如果身体僵硬，姿势呆板，将很难有效发力。总之，攻击时要出其不意，不给对方可乘之机。

第五章

技能进阶：跆拳道战术与品势学练

场上对决，如何布置战略战术，为自己赢得有利形势？是先发制人，还是等对手出招后再进行有力回击？是靠完美的体力分配来制胜，还是利用规则与陷阱，以智取胜？在与对手的实战较量中，如何主动发起进攻？面对对手的攻击，又该如何应对？

掌握跆拳道的战术与品势，让你在实战中无所畏惧，所向披靡！

棋逢对手，跆拳道基本战术

各抒己见

跆拳道的战术丰富又多变，你都知道哪些呢？

你知道吗，虽然跆拳道的战术有很多，但是在与对手进行对抗时，可不能随意选择战术。每个人的身体素质不同，适合运用的战术自然也不同。

另外，在不同的对战场合，也要根据当时的情况来选择符合时机的战术。那么，你知道适合你的身体素质的跆拳道战术都有哪些吗？

在练习跆拳道时，为了成功击败对手，需要采取一定的策略，并运用合适的打法，掌握比赛的主动权，这就是跆拳道的战术。

跆拳道的技法多样，变化多端，在与对手对抗时，需要根据随时变化的情况，找到适合自己的战术并灵活施展出来。那么，跆拳道的战术都有哪些呢？

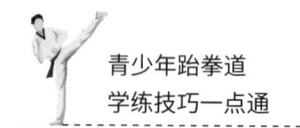

先发制人——进攻战术

跆拳道战术的选择因人而异，如果你的力量大、速度快、体力好，那么就适合选择进攻战术，即在与对手对抗时先发制人，取得决胜的先机。进攻战术又可以分为直接、间接和连续进攻三种方式。

◆ 直接进攻，迅速突破对手防线

直接进攻战术又可细化为抢攻战术和强攻战术两种。抢攻战术，就是要抢先攻击，在与对手对抗时创造有利于自己进攻的机会；强攻战术，则是要在对手有所防备的情况下，强行突破对手的防守动作，来达到攻击对手的目的。

但无论是使用抢攻还是强攻战术，都要保证自己的动作迅速而突然，切忌有丝毫犹豫，以免给对手反抗的机会。

那么，在哪些情况下可以使用直接进攻的战术呢？

- 对手的攻防能力不如自己时。
- 对手精力分散，疏于防守时。
- 对手心理素质较差，过于紧张时。
- 对手正处于疲劳状态，速度变缓时。
- 与对手距离较近，便于施展进攻动作时。

直接进攻战术适用的情况

◆ 间接进攻，使用假动作迷惑对手

在与对手对抗时，先使用虚假动作来迷惑对手，使对手无法进行正确判断，然后再开始施展真正的进攻动作，这就是间接进攻。

在使用间接进攻战术时，动作一定要迅速有力，要抢在对手的前面出招，这样才能达到预期的效果。

◆ 连续进攻，把握机会持续出击

在与对手对抗时，向对手使出连续两次或者两次以上的进攻动作的战术，就是连续进攻。

连续进攻战术分为原地进攻和移动进攻两种方式。

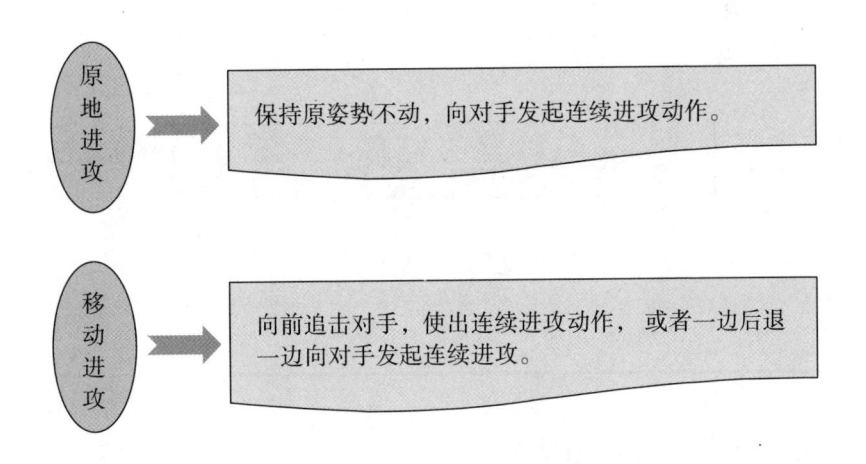

原地进攻	→	保持原姿势不动，向对手发起连续进攻动作。
移动进攻	→	向前追击对手，使出连续进攻动作，或者一边后退一边向对手发起连续进攻。

连续进攻战术的两种方式

这里需要注意的是，连续进攻战术并不是指进攻动作要一气呵成，而是在每次攻击完对手之后，不管是否击中对手，只要对手还没有来

得及施展有效的防守动作，就要寻找机会继续对他使出攻击动作。

使用连续进攻战术也要注意其适用的场合。

对手反击能力较差时。

对手的步法移动不灵活时。

对手体力较差，不能连续反击时。

对手在经受第一击后尚未反应过来时。

对手技术高于自己，但身体素质不如自己时。

连续进攻战术适用的情况

有力回击——反击战术

在对手向你发动进攻时，趁着对方施展动作的间隙，对其予以有力的回击，这就是反击战术。

在运用反击战术时，可以选择防守后反击、防守与反击同时进行

以及迎击等方式。

反击战术有其适用的场合。

- 对手的防守意识薄弱时。
- 对手的动作移动比较大时。
- 对手的进攻动作不连贯时。
- 对手的进攻动作比较单一时。
- 对手心理素质差，容易急躁时。

反击战术适用的情况

◆ 先防守，后反击

先防守，后反击，也就是要在对对手的进攻动作进行防守后，再对其进行反击。如果采取这种反击方式，就要注意防守动作与反击动作一定要连贯、一气呵成，要抢在对手发起下一个攻击动作之前给予对手以有力的反击。

◆ 防守与反击同时进行

防守与反击同时进行，也就是在向对手施展防守动作的同时，完成反击动作。要使用这种反击方式，最关键的就是要把握好时机，迅速确立反击动作施展的路径，这样才能成功击中对手。

◆ 迎击

迎击，就是要在对手还没来得及完成进攻动作之前，就迅速对其发起反击，给对手来个措手不及。

出奇制胜——心理战术

在与对手进行对抗时，利用各种方法来影响对手的心理，使其无法维持平和的心态继续跆拳道的各种攻防动作，这就是心理战术。

想要成功运用心理战术来取胜，可以使用这几种方法。

| 威慑对手 | → | 刻意表现或夸大自己的实力，令对手感到害怕。 |

| 迷惑对手 | → | 制造各种假象来迷惑对手，令对手疲于应付。 |

| 误导对手 | → | 在对抗前期隐藏自己真正的实力，令对手掉以轻心。 |

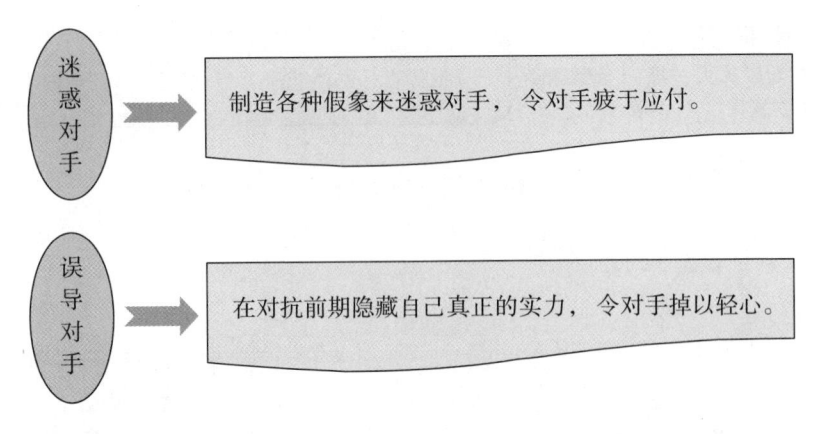

心理战术的三种方式

体力分配——体力战术

在与对手对抗时，根据具体的对战情况，对自己的体力进行合理分配和使用，为自己赢得更多胜算，这就是体力战术。

那么，应该如何进行体力分配呢？除了根据具体情况灵活调整外，在进行体力分配时，还要遵循一定的分配原则，做到科学分配体力。

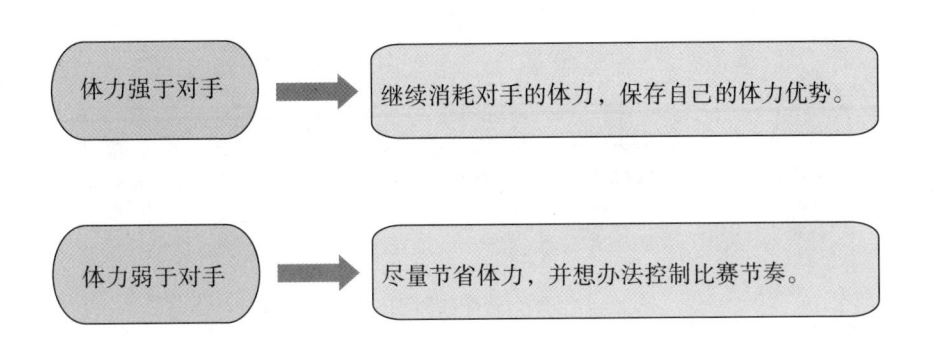

| 体力强于对手 | → | 继续消耗对手的体力，保存自己的体力优势。 |

| 体力弱于对手 | → | 尽量节省体力，并想办法控制比赛节奏。 |

| 与对手体力相当 | → | 充分发挥自己的体能潜力，并辅之以其他战术。 |

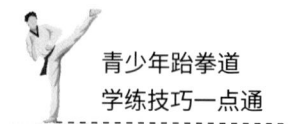

不同情况下的体力分配

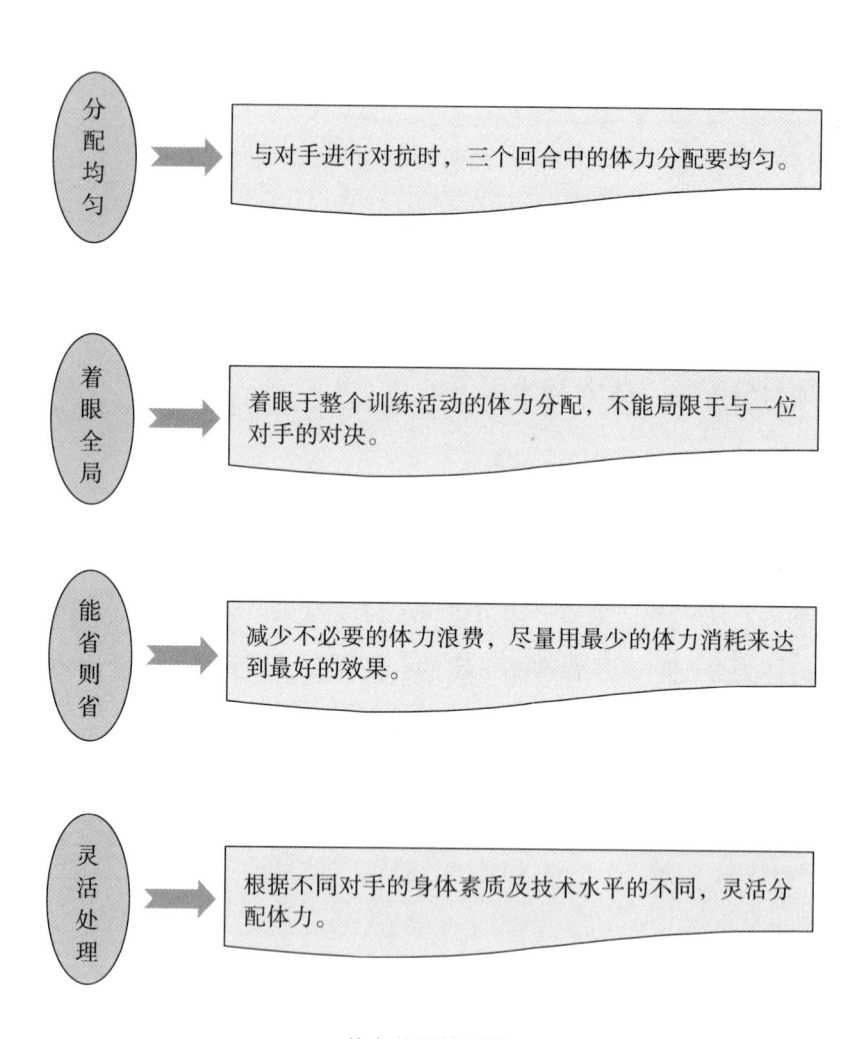

| 分配均匀 | → | 与对手进行对抗时，三个回合中的体力分配要均匀。 |

| 着眼全局 | → | 着眼于整个训练活动的体力分配，不能局限于与一位对手的对决。 |

| 能省则省 | → | 减少不必要的体力浪费，尽量用最少的体力消耗来达到最好的效果。 |

| 灵活处理 | → | 根据不同对手的身体素质及技术水平的不同，灵活分配体力。 |

体力分配的原则

以智取胜——规则战术

在与对手对抗时，充分利用规则范围内（包括规则限制模糊的地方和规则的漏洞）允许使用的方法来攻击对手，使自己获得战斗优势，这就是规则战术。

可以通过以下这些方式来使用规则战术。

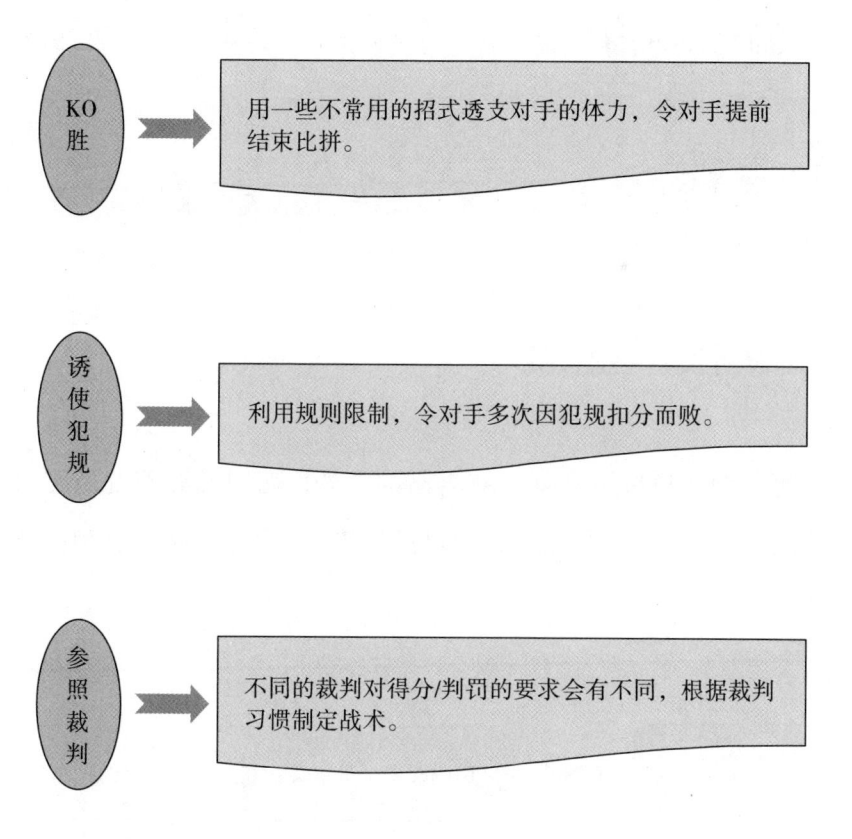

| KO胜 | → | 用一些不常用的招式透支对手的体力，令对手提前结束比拼。 |

| 诱使犯规 | → | 利用规则限制，令对手多次因犯规扣分而败。 |

| 参照裁判 | → | 不同的裁判对得分/判罚的要求会有不同，根据裁判习惯制定战术。 |

规则战术的使用方法

指|点|迷|津

什么是"KO 胜"?

跆拳道中的"KO 胜",指的是击倒胜。

在跆拳道中,如果一方被对手击倒,那么裁判就会喊"kal-yeo(暂停)",并开始10秒的读秒,这时即使倒下的一方已经站起来准备继续与对手对抗,也必须等待裁判继续读秒至8秒,或者等待裁判喊出"Yeo-dul",并由裁判判断自己是否还能继续与对手对抗。如果倒下的一方没有站起来,即无法继续与对手进行对抗,那么另一方就以击倒获胜,即击倒胜。

制彼所长——制长战术

每个跆拳道练习者都会有自己的长处,而制长战术就是要限制对手的长处,使其不能发挥出自己的优势,只能被迫采取其他的技术动作。

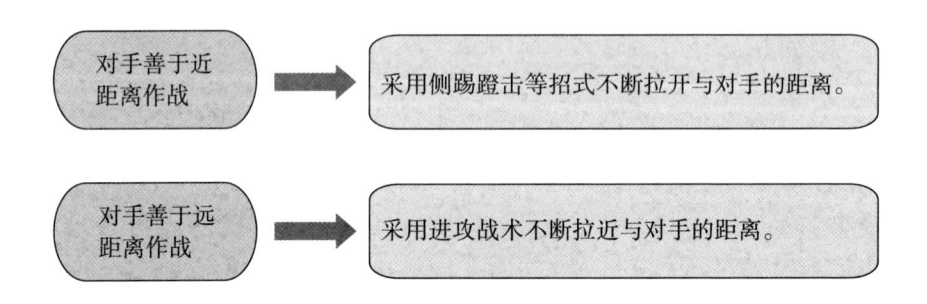

对手善于近距离作战	→ 采用侧踢蹬击等招式不断拉开与对手的距离。
对手善于远距离作战	→ 采用进攻战术不断拉近与对手的距离。

对手善于主动进攻	→	抢先进攻，迫使对手只能防守反击。
对手善于连续进攻	→	在对手进行连续进攻时向两侧移动，躲开攻击。
对手善于反击	→	设置陷阱，诱使对手先发动进攻。

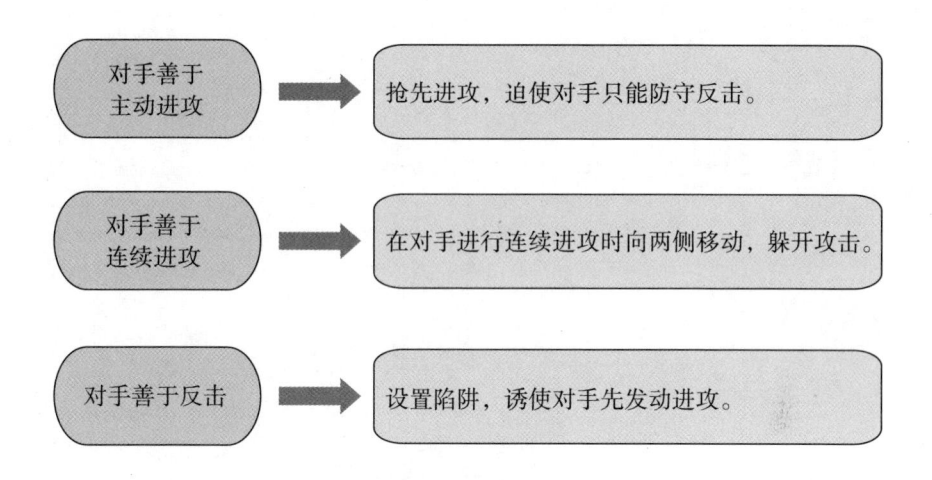

制长战术的使用方法

攻其所短——制短战术

与长处一样，短处也是每一位跆拳道练习者都有的。例如，有的人身体素质差，有的人防守能力差等。因此，在与对手对抗时，就需要通过一些试探性的进攻来找出对方的短处，然后据此调整自己的战术，专攻对方的弱点。

实战较量，攻防技巧

技法组合，助力进攻

在跆拳道实战中，需要将学习到的手法、步法及腿法技术进行组合，从而达到进攻或反击的目的。

◆ 步法组合

步法是跆拳道中最基本也是最重要的技术手法，根据实战中的作战需求，可以将各种基本步法进行任意组合，达到攻击或反击的目的。这里介绍几种常用的步法组合方式。

第一组：上步＋后跃步

上步＋后跃步的步法组合，适合在实战刚开始时用来试探对手，也可以在防御对手时用作反攻的准备。要求在做这两个步法动作时，动作要连贯且迅速。

跆拳道步法动作展示

动作方法：

首先，呈实战姿势站好，双眼紧盯对手，以左脚为着力点，右脚向前上步，与此同时，身体向左后转180°，此时的实战姿势刚好与之前相反。

其次，以左脚蹬地，同时后退，使身体重心向后移动。注意在做这一动作时要保持两脚之间的距离不变，呈实战姿势站好。

第二组：退步＋前进步

退步＋前进步的步法组合主要用于防御时的反击。需要注意的是，在做出退步动作时，一定要想办法躲开对手的进攻，同时找到对手防御的薄弱之处，使出前进步向对手发起攻击。

动作方法：

首先，呈实战姿势站好，以右脚为着力点，左脚向后呈直线退步，与此同时，身体向左后转180°，此时的实战姿势刚好与之前相反。

其次，两脚同时蹬地，并同时向前进一步，身体重心也随之前移，完成前进步动作。

第三组：上步＋换步＋滑步

上步＋换步＋滑步这一技法组合十分具有迷惑性，会使对手难以揣测自己的真实目的，给对手造成一定的紧张感。

动作方法：

首先，呈实战姿势站好，以左脚为着力点，右脚向前直线上步，与此同时，身体向左后转180°，此时的实战姿势刚好与之前相反。

其次，双脚同时蹬地，并将前后脚换位，完成换步动作后，身体向右后转180°，继续呈实战姿势站好。

最后，右脚紧贴地面，并滑向左脚，向左脚靠拢，左脚又紧贴着地面向前跨出一步，恢复实战姿势。

第四组：弹跳步＋前跃步＋左移步

弹跳步＋前跃步＋左移步的步法组合同样具有迷惑性，声东击西，能起到很好的攻击效果。

动作方法：

首先，呈实战姿势站好，两腿先弯曲，再伸直，不断向上和向下循环跳动。

其次，以左脚为着力点，向前跨步，同时右脚蹬地，使身体迅速向前移动，注意保持实战姿势。

最后，左脚向左前方45°方向做跨步动作，同时右脚蹬地跟上左脚，使身体重心向前移动，并继续保持实战姿势。

第五组：弹跳步＋换步＋紧追步

弹跳步＋换步＋紧追步的步法组合是一种进攻型技法，尤其是当与对手的距离比较远的时候，可以使用这一技法来拉近自己与对手的距离。

动作方法：

首先，呈实战姿势站好，两腿先弯曲，再伸直，不断作向上和向下的循环跳动。

其次，两脚同时蹬地，双腿在空中完成直线换位，并将身体向左后方旋转180°，随后双脚落地，呈与之前相反的实战姿势站立。

最后，双脚同时蹬地，向前做前进步动作，落地后又以相同的方式再次做前进步动作，最后恢复到实战姿势。

使用这一步法组合时,要注意时刻保持身体重心的稳定,当重心向前偏移时,可以稍稍弯曲后面的腿,同样的,当重心向后偏移时,应该弯曲前面的腿。

◆ 手法组合

手法组合的攻防技法,即手部技法的组合,既可以用手掌或手指,也可以用拳头。这里介绍两种手法组合方式。

跆拳道手法结合步法动作展示

第一组：单手刀＋双手刀＋二指禅

单手刀＋双手刀＋二指禅的手法组合适用于连续进攻，是利用手指和手掌一起对对手发起进攻。其中，每一步技法都有其固定的攻击目标。

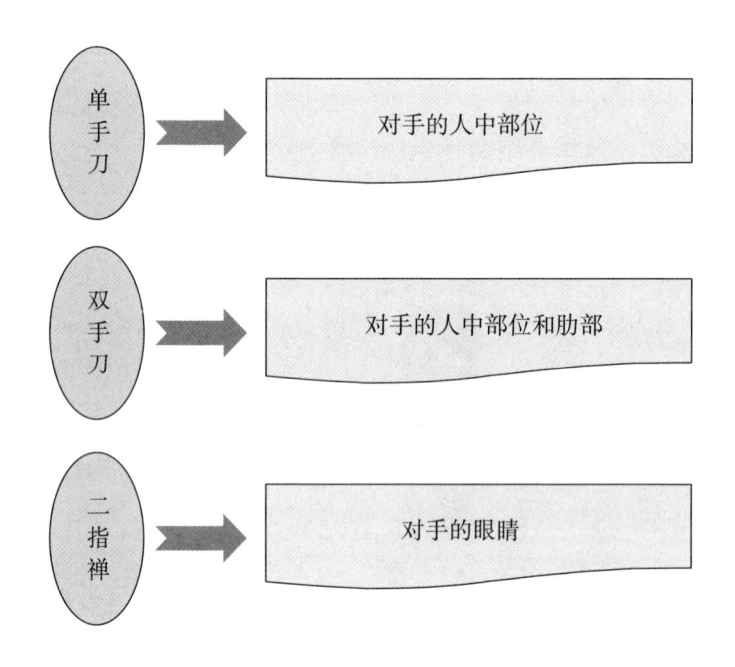

技法	攻击目标
单手刀	对手的人中部位
双手刀	对手的人中部位和肋部
二指禅	对手的眼睛

单手刀＋双手刀＋二指禅组合的攻击目标

动作方法：

首先，呈实战姿势站好，双眼紧盯对手，前脚向后移半步，呈三七步姿势，两手臂紧贴身体交叉，右拳放在左肩上，左手呈手刀姿势置于身体右侧腰带位置，手刀掌心朝向自己。

其次，开始使出左手手刀，朝对手旋转横砍，同时右手手肘往后顶，右拳向上，与左手刀一起发力。

再次，以左脚为着力点，右脚上前上步，依旧是三七步，左手刀置于身后，手臂伸直，并将右拳展开变为手刀，置于腰部，手刀掌心朝向自己，单手刀变为双手刀。

然后，快速使出右手刀，朝对手旋转横砍，同时以左手刀向对手平刺，左手刀掌心朝上，两手刀同时发力，向前攻击对手。

最后，完成双手刀动作后，换右脚为着力点，右腿弯曲，左脚往前上步，呈弓步姿势。右手手刀收紧变拳，拳心朝下，拳头向前伸直，这时左手手刀收回，伸出食指与中指，朝对手旋转平刺，左右手同时发力，共同攻击对手。

第二组：前直拳＋内勾拳＋上勾拳

前直拳＋内勾拳＋上勾拳的手法组合是利用拳法向对手发起进攻，尤其适用于距离较近的攻击。其中，直拳是用拳面来攻击对手，而内勾拳、上勾拳则是以食指和中指为着力点来进攻。

动作方法：

首先，呈实战姿势站好，左手握拳，手臂伸直，向前对对手发出攻击，完成前直拳动作。

其次，收回左拳，又以右手成拳，右拳从后向内旋转勾击对手，目标对准对手的头部太阳穴位置，完成内勾拳动作。

最后，以左脚为着力点，右脚借力上前，呈弓步姿势。左拳从腰间由下往上旋转勾击对手，目标对准对手的下颌，完成上勾拳动作。

◆ 腿法组合

在跆拳道实战中，可以将前踢、横踢、下劈等腿法组合起来，形

成腿法组合动作，向对手发起进攻。可以根据自己与对手的距离以及对手防守的目标等具体情况选择合适的腿法组合。这里介绍几种常见的腿法组合方式。

跆拳道腿法动作展示

第一组：横踢＋双飞踢

横踢＋双飞踢的腿法组合可以对对手进行密集攻击，可用于连续攻击对手的上身部位。

要使用这种腿法组合，需要在两种腿法进行更换时动作快速而平稳，这样才能更好地击中对手。

动作方法：

首先，呈实战姿势站好，右脚蹬地并迅速向前提起膝盖，使脚背绷直。与此同时，身体向左后方旋转180°，变成侧身站立，随即弹出右腿，用脚背攻击对手，击中后右脚落地，此时右脚在前，左脚在后，与之前的实战姿势相反。

其次，左脚蹬地，并将膝盖迅速向前提，绷直脚背，与此同时，身体向右后方旋转180°，并弹出左腿，直击对手。攻击动作完成后，左脚落地，同时右脚蹬地跳起，在空中将两脚换位，同时身体向左后转180°，在左脚落地的同时踢出右腿，待右脚也落地后，此时的实战姿势与最初时相同。

第二组：前横踢＋下劈

前横踢＋下劈的腿法组合适合用于原地攻击，尤其是当对手与自己距离较近时攻击效果更好。

动作方法：

首先，呈实战姿势站好，左脚蹬地并将膝盖迅速向前提，绷直脚背，随即扭转腰部，令小腿横向弹出，小腿落地后又恢复成实战姿势。

其次，右脚蹬地并将膝盖迅速向前提，绷直脚背，随即伸直右腿，

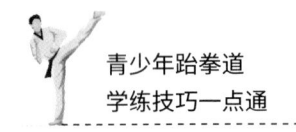

右脚由上往下劈击对手，目标为对手脸部。

最后，攻击完成后，右脚落地，呈与之前相反的实战姿势站立。

第三组：前踢＋横踢＋下劈

前踢＋横踢＋下劈的腿法组合主要是在攻击对手上身的时候使用，使用时要求腿法更换时要快速而平稳，以便击中目标。

动作方法：

首先，呈实战姿势站好，右脚蹬地并将膝盖迅速向前提，小腿伸直向前弹出，以脚掌击打对手。攻击完成后，右脚落地，此时的实战姿势与刚才相反。

其次，左脚蹬地并将膝盖迅速向前提，绷直脚背，与此同时，身体向右后转180°，侧身站立，弹出左腿，用脚背攻击对手。

最后，又以右脚蹬地并将膝盖迅速向前提，绷直脚背，右脚由上往下劈击对手。攻击完成后，右脚落地，此时的实战姿势与之前相反。

第四组：横踢＋下劈＋360°转身横踢

横踢＋下劈＋360°转身横踢的腿法组合完全属于进攻型动作，在做这一套动作时，一定要非常迅速，而且要保证准确击中目标，否则容易给对手留下反击的机会。

动作方法：

首先，呈实战姿势站好，左脚蹬地并将膝盖迅速向前提，绷直脚背，与此同时，身体向右后转180°，侧身站立，弹出左腿，用脚背攻击对手。攻击完成后，左脚落地，此时的实战姿势与刚才

相反。

其次，右脚蹬地并将膝盖迅速向前提，绷直脚背，右脚由上往下劈击，完成攻击动作后落地，恢复到实战姿势。

最后，将身体向左后方旋转180°，左脚蹬地后迅速向后抬起，随即右脚也蹬地抬起，使身体往左后方旋转180°，旋转的同时，将两脚换位，等到左脚落地时，弹出右腿，右脚背击打对手，右腿落地后恢复到实战姿势站立。

有效防御，化解危机

在跆拳道实战中，面对对手的进攻，你需要采取有效的防御手段，化解危机。跆拳道的防御分为上身的防御和周身的防御两种，应该根据具体的实战情况选择合适的防御手段。

◆ 上身防御

上肢的防御又分为上格挡（上段格挡）、中格挡（中段格挡）和下格挡（下段格挡）三种。

上、中、下（段）格挡：上（段）格挡主要用于防止对手攻击你的头部、下颌等部位；中（段）格挡主要预防对手攻击你的肩部、肋部；下（段）格挡主要防守腰以下部位。

上格挡	中格挡	下格挡
弓步站立。格挡臂上举至额头前，手腕在身体中轴线。辅助臂拳头移至髋部，手臂向后夹紧。	弓步站立。格挡臂屈肘向上，拳头位于身体中轴线，拳心向脸或者向外，拳与肩同高。辅助臂握拳放在髋关节处，手臂向后夹紧。	弓步站立。格挡臂拳头位于腰部前方和前腿膝盖上方。辅助臂拳头移至髋部，手臂向后夹紧。

上、中、下（段）格挡动作

上格挡

格挡时，双手握拳并置于腰部。然后将左臂上抬置于腹部，右臂抬起置于左肩。接着又将右拳收回到腰部，同时左拳向上击，直至高于头顶，然后左右两手的动作互换，完成上格挡防御。

上格挡可以用来防御对手对你的头部的进攻，尤其适用于对手的左/右横踢、侧踢、劈腿等进攻动作。

中格挡

中格挡时，将双腿分开至与肩同宽，弯曲膝盖，双手握拳并置于腰部。然后将右拳向前击出，同时左拳朝左侧击出，收回右拳，右手手臂紧贴身体，左拳则置于身体正前方。最后左右两手的动作互换，完成中格挡防御。

中格挡

使用中格挡进行防御时，要注意格挡的手臂置于与头部相同的高度，否则当对手用腿部来攻击时，很容易使被攻击者的手臂和头部一起被对手击中。

下格挡

双腿分开至与肩同宽，弯曲膝盖，双手握拳并置于腰部，将右拳置于左腰部，左拳提起置于右肩。接着将左拳向左前方击出，右拳则收回至右侧腰部。最后左右两手的动作互换，完成下格挡防御。

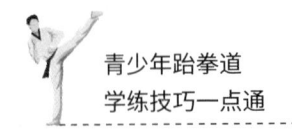

◆ 周身防御

背摔

在实战中,当对手以直拳或者掼拳攻击自己的面部时,应该迅速上步格挡防御,快速用左臂格挡防御,紧接着要抓住对手的小臂,并顺势往上抓住对手的大臂,同时身体尽量下沉,使对手的重心往前倾。随后,膝盖弯曲,用臀部顶着对手的身体,左手尽力将对手的手臂往下拉,并立即将膝盖伸直,臀部提起,将对手的双臂往下拉,使对手从你的背后往前摔出。

需要注意的是,背摔的动作可不是到这里就结束了,当对手被摔倒后,还要快速用右手抓住他的手肘,左手则抓住他的手腕,令其没有办法动弹。

抱腿摔

当对手的进攻猛烈,自己逐渐处于弱势时,可以趁着对手疏于防范的空档,使用抱腿摔来进行防御和反击。

抱腿摔的动作很简单,直接抱住对手的一条腿,当对手要出手攻击时,迅速用右手拉住他的小腿,同时左肩朝下压住其腿跟,使其摔倒在地。

旋臂折腕

当对手用左手推击自己的右肩时,要迅速用左手压住他的右手背,右手由下往上扬,同时身体左转并旋臂,右手曲肘压住对手的手腕,令对手不能动弹。

旋臂折腕属于擒拿法,这里需要注意的是,当对手推击自己的肩

部时，不要害怕，要双脚站稳，保持身体平衡，要冷静地完成接下来的动作。

挡臂锁肘

当对手突然右脚上步，用右手手掌向自己的头部劈击时，要先用左臂挡住对手的右臂，同时右手迅速由下往上抓住对手的右手，然后锁住对手的右臂，并顺势往下压，令对手的手肘弯曲，这时对手就会因手肘疼痛而无法继续反抗。

跆拳道品势

各抒己见

练习跆拳道，既要在攻击时展现出你的凶猛气势，也要学会正确合理地防守，用标准的姿势打出连贯而完美的动作，这是跆拳道品势练习中需要注意的方面。

那么，你知道什么是跆拳道品势吗？你练过哪些品势动作呢？谈谈你对跆拳道品势的理解。

认识跆拳道品势

跆拳道品势是由一些基础的动作组合在一起的成套动作，以攻防进退动作为主。练习跆拳道品势可以让身体各个部位都得到较好的锻炼，并且能增强自己的意志力。

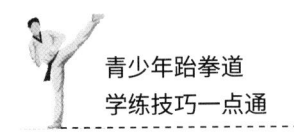

跆拳道品势有很多种，太极是基本品势，包含八章，每一章为一套品势。高段品势包括高丽、金刚、太白、平原、十进、地跆、天拳、汉水、一如。

基础不同，能够练习的跆拳道品势也不同。太极是黑带以下的练习者需要掌握的基本品势。达到黑带以后，就需要练习高段品势。以下主要介绍太极品势。

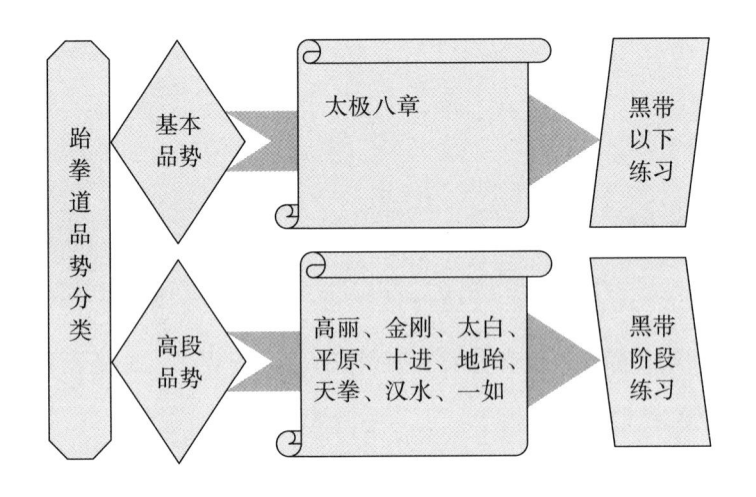

跆拳道品势分类

太极品势准备与还原

在开始做品势动作或者实战之前，需要运气准备，在结束后也要运气还原。这两种姿势作为开头和收尾的动作，能够帮助练习者进入警觉状态或放松状态，因此非常重要。其具体动作如下。

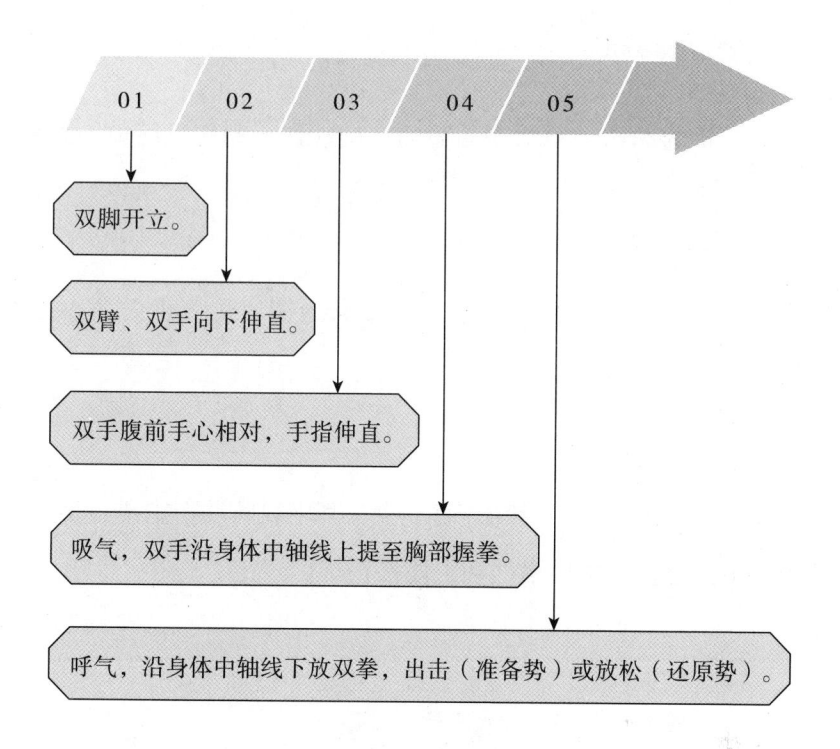

第五章
技能进阶：跆拳道战术与品势学练

01　02　03　04　05

- 双脚开立。
- 双臂、双手向下伸直。
- 双手腹前手心相对，手指伸直。
- 吸气，双手沿身体中轴线上提至胸部握拳。
- 呼气，沿身体中轴线下放双拳，出击（准备势）或放松（还原势）。

太极品势准备与还原动作

跆拳道太极品势动作

学习任何东西都要从基础开始，入门之后才能进阶。

跆拳道太极品势是适合初学者或者级别较低的练习者练习的一套动作。其八章品势中，第一章动作最简单，如果是级别相对较低的初学者，建议学练前五章的内容。

以下重点介绍太极品势准备与还原动作，以及太极品势前五章的学练动作。

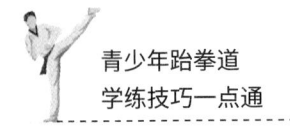

◆ 太极一章动作

太极一章的动作是跆拳道品势的基础动作，动作以简单的站姿和走步为主，适合八级练习者练习，总共有18个动作（这里仅对太极一章的基本动作进行介绍，下同）。

在开始练习前做准备势，最后结束后做还原势，要求动作标准、精神饱满。

基本组合动作

太极一章的基本的组合动作有6个，其中攻防动作主要包括直拳、前踢以及下段格挡、中段格挡和上段格挡等。

走步下段格挡，走步直拳。

弓步下段格挡，步法不变，直拳。

走步中段内格挡，走步直拳。

弓步下段格挡，步法不变，直拳。

走步上段格挡，前踢，直拳。

弓步下段格挡，弓步直拳。

太极一章基本组合动作

重点动作详解

做开立步与走步时，注意开立步是在并步的基础上分开双脚站立，双脚距离与肩同宽；走步动作就像自然走路一样，一脚迈向前方，重心在两脚，双腿伸直，肩膀与身体中轴线呈 30°。

开立步

◆ 太极二章动作

太极二章在太极一章的基础上，增加了上直拳、前踢，直拳与前

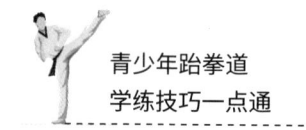

踢要同步进行，适合七级练习者练习。

基本组合动作

太极二章的基本组合动作主要有 7 个，开始做动作的时候做准备姿势，结束后要做还原姿势。

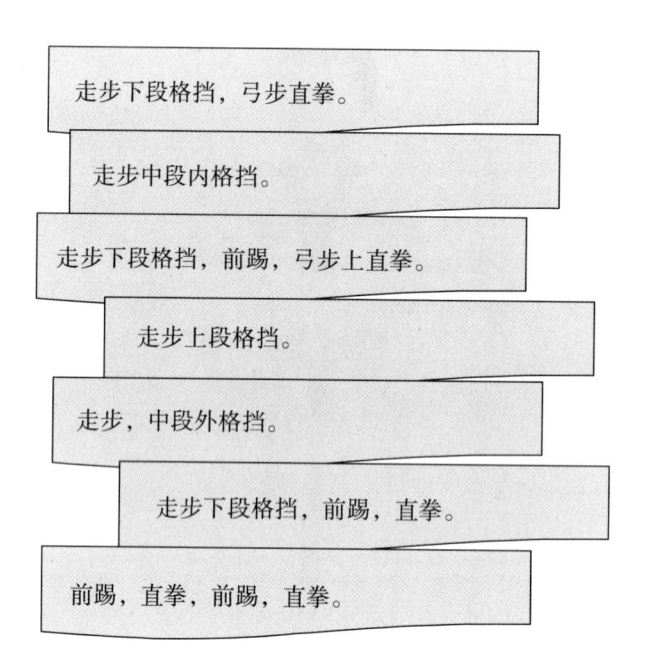

走步下段格挡，弓步直拳。

走步中段内格挡。

走步下段格挡，前踢，弓步上直拳。

走步上段格挡。

走步，中段外格挡。

走步下段格挡，前踢，直拳。

前踢，直拳，前踢，直拳。

太极二章基本组合动作

重点动作详解

弓步：做弓步时，注意膝盖向正前方弯曲，并与前脚脚尖在一条直线上，后腿膝盖蹬直。

前踢：做前踢动作时身体站直，双手握拳放在胸前，支撑脚在前。踢出腿，膝盖向正前方弯曲，抬起小腿，并向正前上方踢腿，同时支撑脚向外旋转 90°。踢腿完成后迅速收回腿。跆拳道品势中的前踢使用

前脚掌踢向对手，区别于跆拳道竞技中使用脚背的方法。

前踢准备

◆ 太极三章动作

太极三章动作可以修炼人的正气，能够使练习者的动作显得厚重、沉稳，适合六级的练习者练习。

基本组合动作

太极三章共有 7 个基本的组合动作，新增基础动作有单手刀颈部

攻击、单手刀中段外格挡，新增步法有三七步。

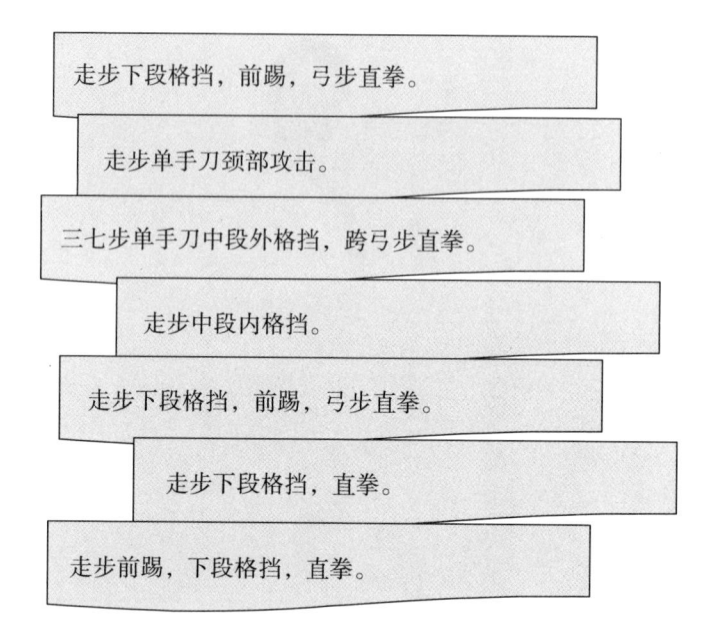

- 走步下段格挡，前踢，弓步直拳。
- 走步单手刀颈部攻击。
- 三七步单手刀中段外格挡，跨弓步直拳。
- 走步中段内格挡。
- 走步下段格挡，前踢，弓步直拳。
- 走步下段格挡，直拳。
- 走步前踢，下段格挡，直拳。

太极三章基本组合动作

重点动作详解

做三七步时，两脚后跟并拢，一脚脚尖向外侧。脚尖向外侧脚向前跨一小步。两腿膝盖微屈，重心七分落在后脚，三分落在前脚。

◆ 太极四章动作

练习太极四章动作，可以使练习者的动作变得富有气势、威严和力量感，适合五级练习者练习。

基本组合动作

太极四章新增了手刀格挡、中段外格挡、背拳前击、燕子手刀颈部攻击、贯手刀攻击、侧踢等动作。其基本组合动作共有如下6个。

- 三七步手刀中段格挡，弓步贯手刀攻击。
- 弓步燕子手刀颈部攻击，前踢，直拳，侧踢，三七步手刀中段格挡。
- 三七步单手中段外格挡，前踢，中段内格挡。
- 弓步燕子手刀颈部攻击，前踢，背拳前击。
- 走步中段内格挡，直拳。
- 弓步中段内格挡，直拳。

太极四章基本组合动作

重点动作详解

手刀格挡：用手刀手势进行格挡的动作，手刀手势就是展开和伸直手指。以下介绍手刀中段格挡、单手刀中段外格挡等。

手刀攻击：及时利用手刀手势攻击对手的方法。以下介绍手刀攻击法和贯手刀攻击法。

侧踢：以标准姿势站立，支撑脚在前，双拳在胸前。支撑腿伸直关节，踢出腿向正前方抬起。随后支撑脚向外旋转90°，同时上身向相反一侧旋转，踢出腿内收打横，使膝盖靠近胸部，肩膀、髋部、视线、脚后跟在一个平面上。踢出腿发力踢出，踢完后迅速回到原位。

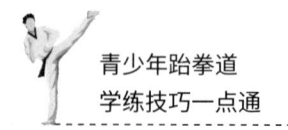

◆ 太极五章动作

太极五章动作可以增强你的力量，适合四级练习者练习。

基本组合动作

太极五章中新增了下锤拳、旋肘前击、侧踢同时直拳、掌肘对击以及交叉步等动作。其基本组合动作如下。

> 弓步下段格挡，锤拳攻击。
>
> 弓步中段内格挡，前踢，背拳前击，中段格挡，弓步背拳前击。
>
> 三七步单手刀中段外格挡，跨弓步旋肘前击。
>
> 弓步下段格挡，中段格挡，前踢下段格挡，中段格挡。
>
> 弓步上段格挡，侧踢，弓步掌肘对击。
>
> 弓步下段格挡，中段格挡，前踢，交叉步背拳前击。

太极五章基本组合动作

重点动作详解

肘击时，注意用手肘鹰突关节部位击打对手，用手肘平击时，主要击打对手的胸部。用手肘上击时，主要击打对手的下颌。

交叉步时，两膝弯曲，前脚脚掌全部着地，后脚脚尖着地，两脚互相垂直。

交叉步步法展示

指|点|迷|津

跆拳道品势与竞技的区别

跆拳道品势与竞技在性质、套路等方面都不相同,它们具体的区别在哪里呢?

- 跆拳道竞技是一种竞赛活动,需要参与者遵守比赛的一些规则,可以使用各种实用的跆拳道技术,以求获得胜利;跆拳道品势是一种练习体系,其动作是成套组合的,要根据练习者的水平选择适合的品势套路来练习。
- 竞技中比较实用的技术动作大约有8~10个,而一套品势动作大概有20~30个技术动作。

第六章

运动安全：助力跆拳道少年健康成长

"安全第一",做任何事情都应该首先确保安全,作为对身体素质有较高要求的跆拳道运动更是如此。

跆拳道运动安全知识是每一个青少年跆拳道学练者都要关注和学习的知识。只有确保在运动时的安全,才能减少运动损伤,从而可以坚持跆拳道运动,也才能通过这项运动让自己变得更健康。还等什么,快来一起学习跆拳道的运动安全知识吧!

热身与放松

各抒己见

　　同其他运动一样，跆拳道运动也要注意运动前的热身和运动后的放松。但因为跆拳道运动的特殊性，其需要热身和放松的身体部位及方法也是有一些讲究的。那么，你知道为什么跆拳道要做热身和放松吗？下面就一起来聊一聊吧！

　　在进行跆拳道运动之前都应该做好热身运动，让自己在正式开展运动时表现更佳；在跆拳道运动之后更要做好放松运动，让身体做好下一次比拼的准备。

热身

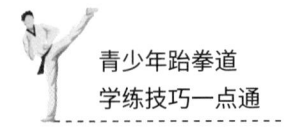

◆ 热身运动的目的

跑拳道是一项需要全身参与的剧烈的运动。因此，在学练之前，要充分做好准备活动——热身运动。

热身是在跑拳道运动之前，做一些轻松的活动，从而更好地进入运动状态。

具体来说，热身运动主要有三个目的。

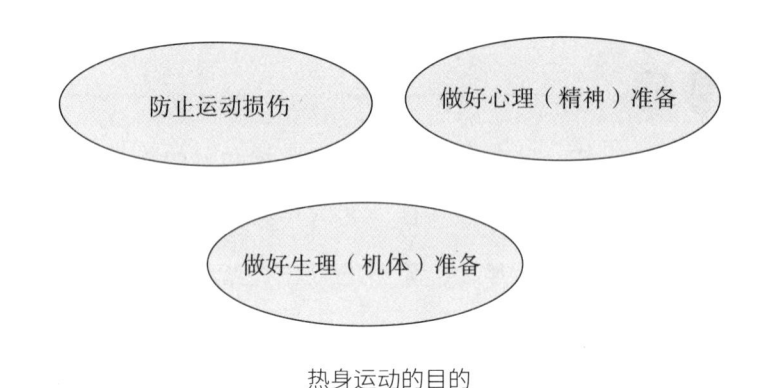

防止运动损伤　　做好心理（精神）准备

做好生理（机体）准备

热身运动的目的

学练跆拳道动作时，会用到身体许多部位，如肌肉、肌腱、头、腿、关节、手和脚，还需要经常做迅猛的击打、踢腿和拳击。因此，为了防止肌肉抽筋、韧带和肌腱拉伤等伤害，在每次训练之前，都应该做好热身运动。

在运动之前，有必要在思想上清楚为什么要练习跆拳道，如何更好地投入训练。这样才能全神贯注，进入兴奋状态，带着激情去训练，从而收到事半功倍的训练效果。可见，在开展跆拳道运动之前，有必

要通过热身来做好精神上的准备。

跆拳道运动需要极大地调动身体的肌肉力量，而要让肌肉快速进入状态是需要一定时间的，所以做好生理上的准备也是非常必要的。

◆ 开展热身运动

跆拳道运动之前，运动者可以主要针对以下几个部位开展热身运动。

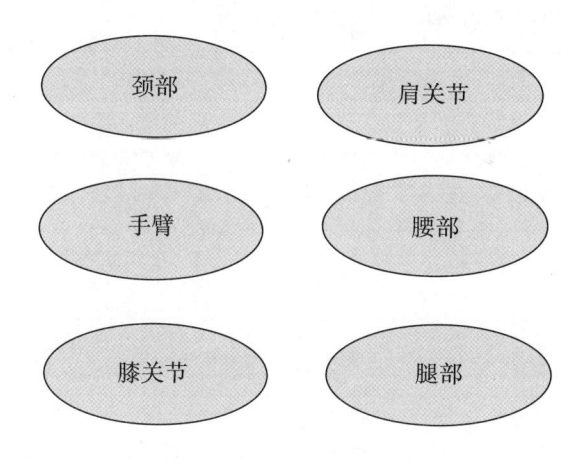

颈部	肩关节
手臂	腰部
膝关节	腿部

跆拳道热身运动的主要部位

颈部热身运动是为了防止在跆拳道运动中伤到或扭到脖子，让脖子周围的肌肉韧带得到充分的放松。

因为肩部是身体中比较僵硬的部位，所以要认真做好运动前的热身运动。肩关节热身活动可以让肩膀充分打开，防止在跆拳道运动中受伤。

- 身体站直，两脚开立，与肩同宽，两手叉腰。

- 将头部慢慢低下，直到下巴顶到胸口，摆正头部（重复2次）。

- 头向后仰，摆正头部（重复2次）。

- 头向左侧倾斜，摆正头部（重复2次）。

- 头向右侧倾斜，摆正头部（重复2次）。

- 慢慢将头部按照顺时针旋转一周（重复8次）。

颈部热身运动

- 身体站直，两脚开立，与肩同宽。

- 两臂屈肘抬起，与肩平行，两手指尖紧贴肩部。

第六章
运动安全：助力跆拳道少年健康成长

- 以两肩为轴，按照"下—后—上—前"的顺序转动两臂，两手始终保持不变。

- 以肩为轴，按照"前—上—后—下"的顺序转动两臂，两手始终保持不变。

肩关节热身运动

在进行跆拳道运动之前对手臂进行热身是为了让两臂肌肉群得到充分放松和锻炼，以避免发生损伤，减少对手臂的伤害。

手臂运动可以以三种方式进行：第一种是前后旋转，第二种是扩展，第三种是左右振臂。

身体站直，两脚开立，与肩同宽

1. 前后旋转：两臂朝身体前方伸直，再由前向上、向后、向下旋转一周。以同样的方法向反方向旋转。

2. 扩展：两手握拳，平放在胸前，向身体两侧展开，再恢复到胸前。

3. 左右振臂：两手握拳，平放在胸前且保持不变，以腰为轴向身体左侧旋转两次，再向右侧旋转两次。

手臂运动的方式及动作要领

腰部的准备活动可以防止腰部受损：一种是做扭腰的准备活动，另一种是做腰部绕圈的准备活动。

> 扭腰的准备活动：
> 身体站直，两脚开立，与肩同宽，两手叉腰；腰部先向前弯，再向后弯，接着向右侧做拉伸，然后向左侧做拉伸。

> 腰部绕圈的准备活动：
> 身体站直，两脚开立，保持不动；两臂向身体上方展开，跟随上身及腰部做顺/逆时针的绕圈运动。

扭腰和腰部绕圈的准备活动

在跆拳道运动之前，做绕膝的热身运动，可以有效地活动膝关节，让膝盖得到充分放松。

> 两脚紧靠，呈半蹲姿势，两手扶在膝盖上。

> 两膝向左慢慢转动，两脚保持不动；以相同的方式，将两膝向右慢慢转动。

绕膝热身运动

腿部热身有利于拉伸腿部韧带，从而避免肌肉拉伤。腿部热身可以采取两种方式：一是侧压腿，二是蝴蝶展翅。

侧压腿：
身体坐在垫子上，右腿屈膝，脚掌着地，左腿伸直且贴地；左腿向左侧伸直，左手置于左膝盖上，右肘落于右腿内侧，将右腿向外撑开，身体向右振压。

蝴蝶展翅：
身体坐在垫子上，两腿弯曲，侧腿贴地；两脚掌相对且靠紧，两手握住两脚，两腿用力振压；然后身体向前下方俯压。与蝴蝶式压腿动作基本相同。

腿部热身

放松

◆ 放松运动的目的

运动结束后，身体必须得到充分放松，才能达到最佳的运动效果，从而为下一次运动做好准备。放松运动也是跆拳道运动的重要组成部分。

具体来说，跆拳道的放松运动主要有三个作用。

- 维持、提高血液循环系统的机能，消除各种不良症状。

- 偿还氧债，提高呼吸系统的机能。

- 调节神经系统的协调性及机能。

放松运动的作用

◆ 放松操

做放松操是跆拳道运动后可以开展的一种有效的放松方式。放松操的动作要尽量放缓。放松操对加速身体中乳酸的消除，预防跆拳道运动之后的暂时性脑贫血非常有效。

放松操的动作有很多，如深呼吸、弓步拉伸、揉捏、倒立蹬脚等。

这里的深呼吸并不是站在那里一动不动地进行深呼吸，而要伴随简单的肢体动作。

- 身体站直，两脚开立与肩同宽。

- 两手从前向后展开，头用力后仰，吸气。

第六章
运动安全：助力跆拳道少年健康成长

> 弯腰，两手放松自然下垂，头朝向地面，吐气。恢复最初动作，重复多次。

深呼吸（伴有肢体动作）

弓步拉伸强调的是对腿部的拉伸，所以要尽量让动作做得到位，而不能图快。

揉捏的目的是放松肌肉，让紧绷的肌肉慢慢恢复到运动前的状态。

倒立蹬腿的动作可慢可快，目的是让腿部的肌肉得到充分放松。

> 弓步，上身挺直。

> 两手交叉置于前腿膝盖上，后腿伸直。

> 身体向下多次振压，前腿和后腿都有压迫感。

弓步拉伸

- 身体坐在垫子上，两腿放松，伸向前方。
- 两手从上到下揉捏大腿股四头肌，两腿交替揉捏。
- 屈膝，两手继续揉捏小腿，两腿交替揉捏，重复多次。

揉捏

- 身体平躺在垫子上，头部及上背部紧贴地面。
- 两手托住后腰并协助背部将臀部、下肢上举。
- 保持倒立平稳，让左右脚做交换蹬踏的动作。

倒立蹬腿

指│点│迷│津

热身运动需要注意的问题

热身运动固然对跆拳道运动有诸多用处，但如果热身不当则很容易适得其反。在进行热身运动时，要注意以下几点。

第六章
运动安全：助力跆拳道少年健康成长

- 热身运动的强度一定要能提高身体温度，让身体出汗，但不可过猛，否则容易提前让身体进入疲劳状态。
- 热身活动中一定要有一些不会造成受伤、强度较小的肢体旋转、跳跃、屈伸等动作，也可以做一些节律轻快、幅度较大的交替运动来刺激肌肉活动。
- 热身运动应该包含与跆拳道技术类似的动作，最好涉及一些训练时经常被用到的肌肉群，这样可以对身体做更好的预热，从而提高训练的效果。
- 热身运动最好在正式训练前的3～5分钟开始，且要逐步减轻、放缓，这样才能慢慢地消除疲劳，顺利过渡到正式训练。

科学营养

各抒己见

　　科学营养的饮食对于青少年跆拳道学练者至关重要。在平日进行运动前，如果跆拳道学练者特别注意对营养物质的摄入，那么在运动场上就会有更好的状态，从而有更大的赢得对方的可能性。那么，青少年跆拳道学练者究竟应该如何做到科学营养呢？下面就一起来了解一些跆拳道科学营养方面的知识吧！

　　相信每一位青少年跆拳道学练者都希望可以在训练或赛场上有出色的表现。然而，有着相同的训练的青少年，却常常表现出不同的竞技水平。其中有部分原因就是一些青少年特别注重科学营养。

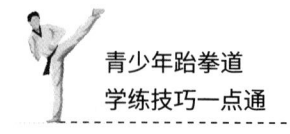

科学营养对跆拳道运动者的意义

具体而言，科学营养对跆拳道学练者运动能力的意义有以下几个。

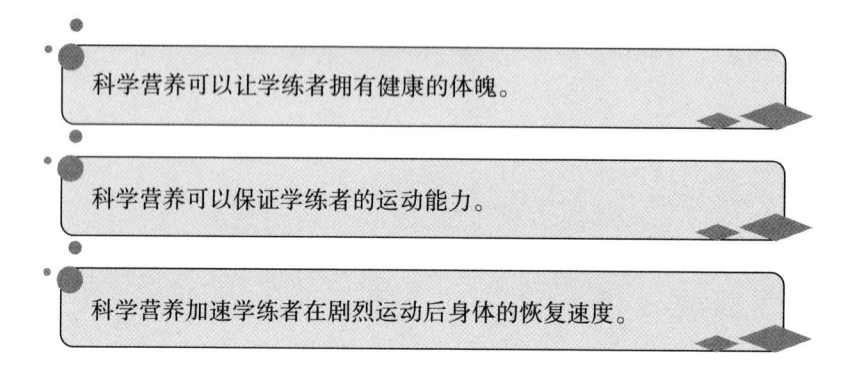

- 科学营养可以让学练者拥有健康的体魄。
- 科学营养可以保证学练者的运动能力。
- 科学营养加速学练者在剧烈运动后身体的恢复速度。

科学营养对跆拳道运动者的意义

科学营养可以让青少年更好地发育，从而有良好的身体基础开展跆拳道运动。

因为跆拳道是一种较为激烈的运动，所以运动时会消耗体内大量的能量，从而容易使运动能力下降。但是，如果能在平时或运动期间注意对营养的摄入，那么就更容易维持较好的运动能力。

科学营养可以让学练者的身体在跆拳道运动之后得到最大限度和最快的恢复。比如，体液和能量是运动者需要恢复的两个重要方面，其正常情况下是需要几个小时，甚至几天才能完全恢复，但如果能及时采取补充措施就将会加速它们的恢复。因此，在跆拳道运动后有必要及时补液和补糖等。

人体必需的六种营养物质

营养物质，即一切可以在体内消化吸收、供给热能，构成机体组织、调节生理机能，为人体进行正常物质代谢所需的物质。青少年在跆拳道运动中会消耗大量热能，而补充必要的营养物质不仅可以使青少年学练者及时补给一定的热能，还可以调节其生理机能。

通常，供给热能、调节生理机能的营养物质主要有六种。

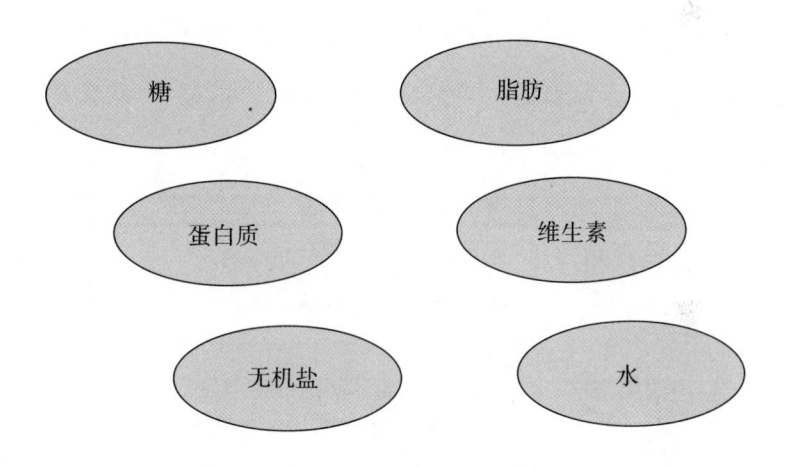

六大营养物质

糖也叫"碳水化合物"，其主要作用就是供给热能。

脂肪也称"脂类"，不仅可以供给热能，对机体起保温的作用，而且可以协调脂溶维生素的溶解与吸收。

蛋白质的主要作用是调节生理机能。

维生素可以调节人体的物质代谢，保证生理的基本功能。

无机盐也叫"矿物质""微量元素"，其是构成机体组织和调节生理机能的主要物质。

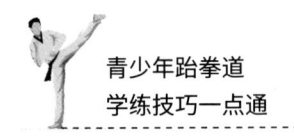

水大约占人体体重的60%～70%，其可以调节人体的体温，促进内循环和身体代谢等。

不同营养物质可以从不同的食物中获取

◆ 糖

对于普通人来说，糖主要可以从一日三餐的主食中获取。但对于青少年跆拳道学练者来说，要想及时补充糖分可以从一些含糖较高的食物中获取。

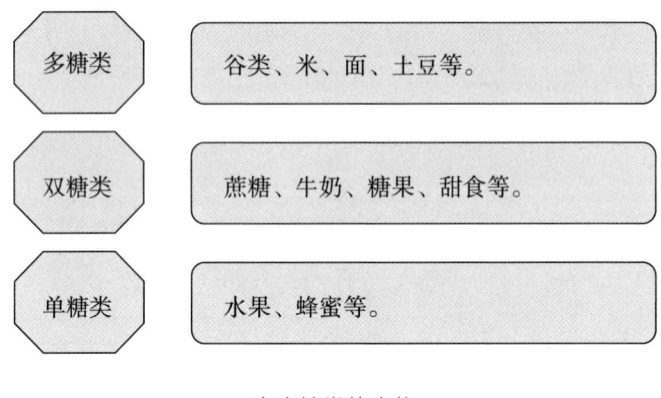

多糖类	谷类、米、面、土豆等。
双糖类	蔗糖、牛奶、糖果、甜食等。
单糖类	水果、蜂蜜等。

富含糖类的食物

◆ 脂肪

脂肪是由一分子甘油和三分子脂肪酸组成的。其中的脂肪酸可以分为两种：饱和脂肪酸与不饱和脂肪酸。通常，动物脂肪含有较多的饱和脂肪酸，而植物油中含有较多的不饱和脂肪酸。

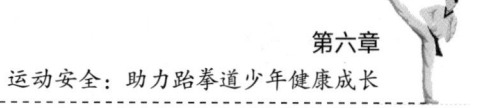

| 动物性脂肪 | 肉（特别是肥猪肉）、鱼肝油、骨髓、蛋黄等。 |

| 植物性脂肪 | 大豆、花生、油菜籽、葵花籽、核桃仁等。 |

富含脂肪的食物

◆ 蛋白质

蛋白质含量较高的食物主要有鱼、蛋类、豆制品、坚果、肉类、小麦、乳制品等。

富含蛋白质的食物

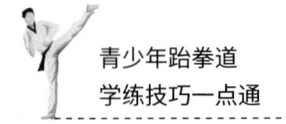

◆ 维生素

维生素的分类较为细致，有水溶性维生素（维生素 C 族、维生素 B 族）和脂溶性维生素（维生素 A、D、E 等）。不同的维生素需要从不同食物中获取。

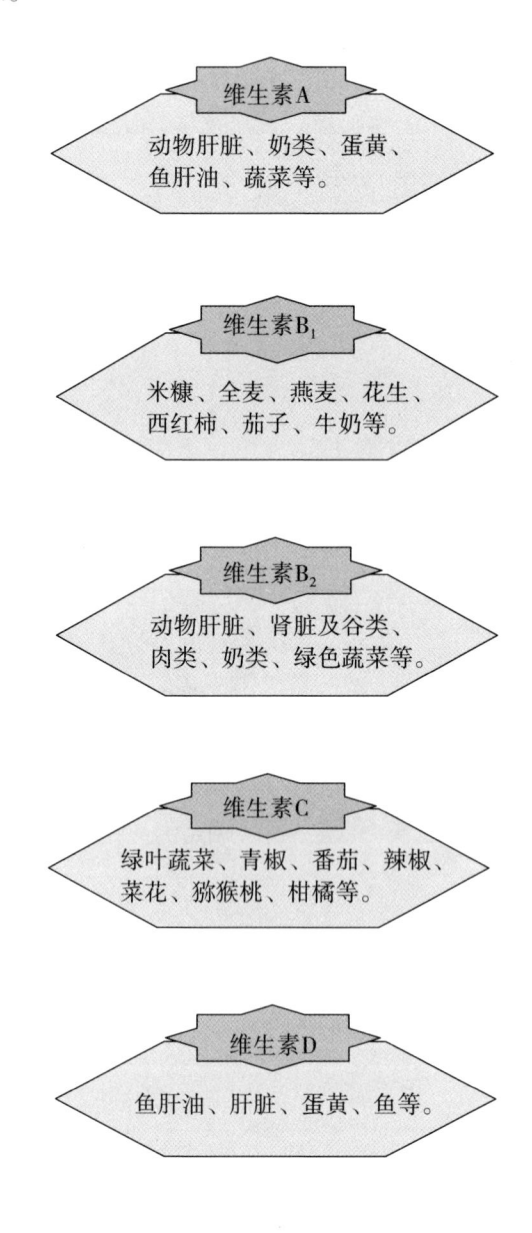

维生素 A
动物肝脏、奶类、蛋黄、鱼肝油、蔬菜等。

维生素 B_1
米糠、全麦、燕麦、花生、西红柿、茄子、牛奶等。

维生素 B_2
动物肝脏、肾脏及谷类、肉类、奶类、绿色蔬菜等。

维生素 C
绿叶蔬菜、青椒、番茄、辣椒、菜花、猕猴桃、柑橘等。

维生素 D
鱼肝油、肝脏、蛋黄、鱼等。

维生素E: 糙米、麦芽、干果、大豆、绿叶蔬菜等。

富含维生素的食物

◆ 无机盐

无机盐也就是矿物质，主要包括：钙、铁、锌、镁、磷、硒和铜等。青少年跆拳道学练者可以从以下食物中获取到不同的矿物质。

钙：大豆及所有豆类、牛奶及奶制品、花生、西兰花、甘蓝类蔬菜、绿色叶菜、葵花籽、核桃等。

铁：动物肝脏、瘦肉、贝类、菠菜、芦笋、豆类、燕麦、桃、坚果等。

锌：肉类、动物肝脏、海鲜、啤酒、南瓜子、栗子、蛋、乳品、芝麻、芥末等。

镁：香蕉、坚果、无花果、杏仁、深色绿叶蔬菜等。

| 磷 | 谷类、蛋、鱼类、瘦肉、干果类等。 |

| 硒 | 牛奶、动物肝、肾、海产品、麦麸、西红柿、西兰花、洋葱、草菇、芹菜等。 |

| 铜 | 豆类、全麦、橄榄、花生、草菇、动物内脏、虾蟹、贝类等。 |

富含矿物质的食物

◆ 水

如果在运动时严重流失水分，就会导致渗透压改变、功能降低，从而使身体运动能力也大大降低。因此，运动中和运动后及时补水非常重要。含有大量水分的食物包括饮用水、饮料和水果等。

总之，跆拳道运动是一项会消耗巨大身体能量的运动，很容易发生缺氧和疲劳等现象。因此，在进行跆拳道运动期间和之后要注意对能量的补充。比如，运动后要注意多摄入一些富含糖、脂肪、蛋白质、维生素、无机盐等营养物质的食物。此外，在跆拳道运动中会出很多汗，所以在运动中及运动后要少量多次地补水。

指|点|迷|津

科学补水

因为跆拳道运动是一项持续时间较长,体能消耗很大,而且水分消耗很大的运动,所以定时定量地补水非常重要。那么,作为青少年跆拳道运动者究竟要如何补水呢?相信不少没有经过专门训练的青少年一定不清楚具体的补水方法。

跆拳道运动者的补水原则是少量多次,每天饮水不少于2 000毫升。

- 运动前:250～500毫升;
- 运动中:100～250毫升(每隔20分钟喝一次水);
- 运动后:500毫升。

运动伤病应急处理

各抒己见

在跆拳道运动中，受伤是在所难免的。运动伤病的严重程度有大有小，作为青少年跆拳道学练者要学会基本的运动伤病应急处理方法，防止伤害的扩大，减少对身体造成的损伤。那么，跆拳道常见的运动伤病要如何处理呢？下面我们来共同学习一下吧！

跆拳道运动伤病的常用治疗方法

如果在跆拳道运动中发生了伤病，可以根据伤病情况选择相应的治疗方法。常见的治疗方法有以下两种。

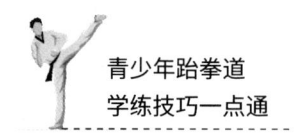

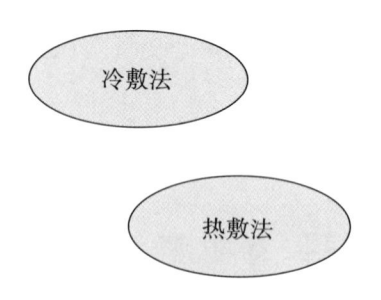

跆拳道运动伤病常见的两种治疗方法

◆ 冷敷法

冷敷法的具体操作方法：用毛巾或塑料袋包一些冰块，敷在受伤处或者摩擦受伤处的皮肤；如果情况紧急，一时间找不到冰块，可以直接用冷水冲淋和浸泡受伤处。冷敷法的时间每次最好控制在20～30分钟，具体要根据受伤的程度增加或缩减冷敷的时间。

冷敷法适用于关节韧带扭伤、肌肉拉伤、挫伤等情况。冷敷法的功能是消炎、镇痛、解痉挛、退热等。

◆ 热敷法

热敷法的具体操作方法：将毛巾在热水或热醋中浸泡一会，拧干，放在受伤部位。注意，当毛巾失去热度后，要立即更换。

热敷适用于一些慢性损伤。每次热敷大约30分钟，每天敷1～2次。热敷有消炎、消肿、镇痛等作用。热敷过程中要防止烫伤的发生。

跆拳道运动的常见伤病及处理

跆拳道运动的常见伤病有以下几种。

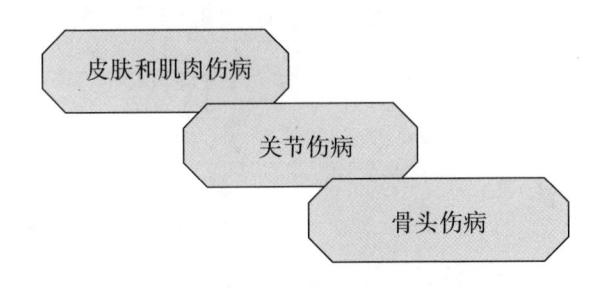

- 皮肤和肌肉伤病
- 关节伤病
- 骨头伤病

跆拳道运动易发生的伤病类型

◆ 皮肤和肌肉伤病

青少年跆拳道学练者很容易发生的皮肤损伤是脚部起水泡和茧子。另外，一些跆拳道初学者可能因为准备活动做得不到位而出现肌肉僵硬和疼痛的情况。这里就说一说针对这两种伤病可以采取的治疗方法。

脚部出现水泡和茧子多是因为脚部皮肤反复摩擦，表皮与真皮中的组织液和血液存贮而形成的。脚部的水泡和茧子一般会出现在前脚掌。如果水泡不严重，暂且不用太在意，几天后会自行消失；如果水泡很严重，可以先在水泡上涂抹一些酒精或红药水，然后用消过毒的针或剪刀挑破水泡，放出水泡中的水后再涂上消毒的药。如果脚部有茧子，可以连续几天涂抹10%浓度的水杨酸药膏，茧子可逐渐消除。

如果跆拳道运动过度，那么就可能会出现肌肉僵硬和疼痛的现象。通常，肌肉僵硬和疼痛多发生在初学者身上。出现肌肉僵硬的情况时，

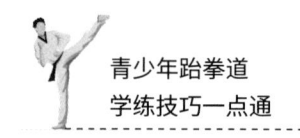

学练者可以简单地对相应部位进行按摩，也可以适当地活动活动相应的部位，还可以进行热敷。面对肌肉僵硬，学练者要引起重视，最好在专业指导下采取措施消除伤病，否则可能会转化成更严重的伤病，如肌肉扭伤、肌肉膜炎、肌肉痉挛、肌肉破裂等。当然，为预防肌肉伤病，最有效的方法就是做好运动前的热身运动。

◆ 关节伤病

足关节扭伤是跆拳道运动者很容易发生的一种伤病。当足关节发生扭伤时，会出现皮下浮肿且会感到疼痛。如果受伤的足关节出现快速浮肿、变形及有摩擦音，说明可能出现了骨折或脱臼，要立即前往医院。

当学练者意识到足关节可能发生了扭伤时，要马上停止运动，用弹力绑带固定脚趾和脚踝，然后抬高腿部，并进行冷敷。如果扭伤部位肿胀、疼痛严重，应及时就医。当然，足关节扭伤也是可以预防的，除了要做好准备活动，还可以提前在足部绑好绷带或贴胶布进行防护。

◆ 骨头伤病

青少年跆拳道学练者很容易发生掌骨骨折和肩关节脱臼。

掌骨骨折容易在击破时发生。发生掌骨骨折需要先用木板固定，进行紧急治疗后前往医院接受医生的诊治。掌骨骨折一般固定四周左右就会痊愈，但在恢复期间要定期到医院复查。

肩关节脱臼多发生在肩膀前侧，只有少数情况会发生在肩膀后侧。如果发生脱臼，并伴有其他不适症状，应该尽快前往医院由医生诊治。

如果情况较严重，如发生骨折，则应及时拨打120，并遵从医嘱，不要轻易移动，等待医务人员来处理。

跆拳道运动现场的急救

◆ 人工呼吸与胸外心脏按压

因为跆拳道运动会有激烈的对抗，所以在运动过程中，学练者偶尔也会发生外伤性的休克，甚至出现呼吸骤停的情况。此时，如果不能及时地采取抢救措施，很可能造成严重的后果。人工呼吸与胸外心脏按压是有效的呼吸骤停急救方法，两者需要配合使用。

在确定是否要对伤者进行人工呼吸之前，应该按照"一看，二听，三感觉"的方法检查伤者有没有呼吸，如果没有就要立即进行人工呼吸。

人工呼吸的动作要领如下。

> 一边向其他人呼救，一边让伤者平卧在地上，让其头部尽可能后仰，清除口腔异物，解开道带及上衣，以确保伤者呼吸畅通。

> 如果有纱布，先用纱布盖住伤者口部（如果没有纱布可直接口对口吹气），一手扶住伤者下巴，一手捏住伤者鼻子，深吸一口气吹入伤者口中。

> 吹完气之后立即松开捏鼻子的手，让气体从伤者肺部排出。如此反复进行，每分钟平均16～18次，每次人工呼吸吹气在1秒钟以上。

人工呼吸的动作要领

如果摸不到伤者的颈动脉或伤者心脏跳动较弱时，可以采取胸外心脏按压的急救方法。

胸外心脏按压的动作要领如下。

> 一边向其他人呼救，一边将伤者置于地上，让伤者保持平卧，解开道带及上衣，以确保伤者呼吸畅通。

> 两手上下重叠，掌心贴于伤者胸骨1/3交界处，用冲击动作向下按压胸骨，使其下陷约3～4厘米后，立即放松，让胸部自行弹起。如此反复，每分钟80～100次，每10秒按15次，直至重新恢复心跳。

胸外心脏按压的动作要领

因为胸外心脏按压和人工呼吸都会消耗很大能量，所以建议有条件的情况下采取两人合作急救的方式。无急救经验者不可轻易尝试，及时呼救并拨打120。

◆ 止血

在跆拳道运动中，如果学练者受伤出血，可以采取以下几种止血方法。

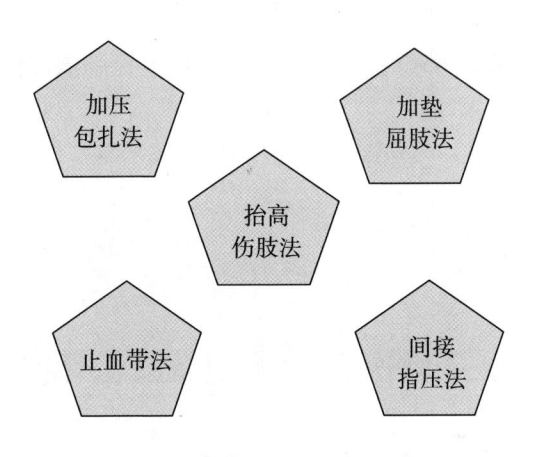

常用的止血方法

加压包扎法主要适用于静脉和毛细血管出血。加压包扎法的操作方法为：先对伤口进行消毒，然后找一块纱布叠好盖在伤口上，接着用绷带加压包扎。

加垫屈肢法主要适用于前臂、小腿及足部出血，前提是没有脱臼或骨折。加垫屈肢法的操作方法为：首先，将绷带或卫生棉垫卷在肘关节、膝关节窝处，让肘关节、膝关节尽可能屈曲；其次，用绷带按照"8"字形缠绕屈曲的关节病做包扎固定。

抬高伤肢法主要适用于四肢毛细血管及小动脉出血。抬高伤肢法的操作方法为：先将患肢抬高，确保出血部位高于心脏，目的是降低出血部位的血压，减少出血量。

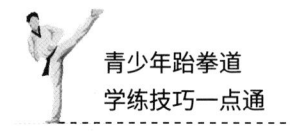

止血带法即用止血带、皮管、腰带及绳子捆扎止血。在止血之前，同样要先将伤肢抬高，然后在出血点附近用止血带捆扎。在用止血带捆绑患肢时，要控制好捆绑的时间，每隔0.5～1小时松一次，避免影响血液流动。具体操作应咨询医生并视患者实际情况而定。

间接指压法主要适用于少量出血。这种方法直接且有效，只需用手指按住身体渗血的部位，就能快速、有效地控制该部位的出血情况。

指|点|迷|津

人工呼吸和胸外心脏按压的有效体征

把握最佳的抢救时机，可以成功挽救一个伤者的生命。作为跆拳道学练者，除了清楚抢救的基本动作要领外，还应该懂得如何判断被抢救者的体征。也就是说，在对被救者做人工呼吸和胸外心脏按压的过程中，要懂得通过观察判断自己当前的抢救是否有效、是否需要继续进行抢救、是否已经抢救成功，这样才能确定自己接下来要采取的行动。

观察被抢救者的颈动脉搏动，如果当前的抢救是有效的，那么每按压一次胸部就能摸到一次搏动。如果停止按压后被抢救者的颈动脉也停止搏动，说明还要继续进行按压。如果已经停止按压，而被抢救者的颈动脉持续存在，说明其已经恢复了自主心搏，可以停止心脏按压。

如果用手感受不到被抢救者的呼吸或者被抢救者呼吸非常微弱，

那么就需要进行人工呼吸。

如果当前的人工呼吸和胸外心脏按压是有效的，那么可以看到被救抢救者的眼球有活动，口唇、甲床变红，甚至脚可以活动；在观察被抢救者的瞳孔时，可以发现其会从大变小。

人工呼吸和胸外心脏按压的上述相关知识，青少年跆拳道学练者应有充分的了解，必要时及时拨打120急救电话、在专业医生的指导下操作。

参考文献

[1] 吴建中，樊庆敏. 跆拳道技巧图解 [M]. 合肥：安徽科学技术出版社，2011.

[2] 张星杰. 手把手教你跆拳道 [M]. 北京：人民邮电出版社，2016.

[3] 林大参，陈琳. 跆拳道入门到黑带 [M]. 上海：上海大学出版社，2013.

[4] 段晓峰，赵子旭. 看图学跆拳道 [M]. 北京：人民邮电出版社，2015.

[5] 正搏会. 跆拳道基础入门（上）[M]. 长春：吉林科学技术出版社，2010.

[6] 林春生. 图解跆拳道手册 [M]. 武汉：中国地质大学出版社，2006.

[7] 中国跆拳道协会. 中国大众跆拳道教程：基本技术与品势篇 [M]. 北京：人民体育出版社，2009.

[8] 杨刚强. 跆拳道入门看这本就够了 [M]. 南京：江苏科学技术出版社，2015.

[9] 北京利龙跆拳道文化俱乐部.图说跆拳道：从白带到黑带[M].北京：北京体育大学出版社，2011.

[10] 张锋.跆拳道入门[M].长春：吉林科学技术出版社，2009.

[11] 林大参，李玉清，吴建忠.大学跆拳道[M].上海：上海大学出版社，2015.

[12] 正搏会.跆拳道基础入门（下）[M].长春：吉林科学技术出版社，2010.

[13] 正搏会.青少年跆拳道高级教程[M].长春：吉林科学技术出版社，2010.

[14] 王智慧.跆拳道运动入门[M].北京：人民体育出版社，2009.

[15] 王智慧.代跆拳道运动教学与训练[M].北京：人民体育出版社，2007.

[16] 陈筑，汪爱平，杨庆辞.跆拳道[M].北京：北京师范大学出版社，2011.

[17] 李万友，胡良玉，潘绍红.现代跆拳道实用教程[M].北京：北京理工大学出版社，2013.

[18] 马玉海.运动与健康[M].北京：清华大学出版社，2015.

[19] 霍彦京.体育与健康[M].北京：北京工业大学出版社，2018.

[20] 潘瑞成."放松"在跆拳道比赛中的作用之我见[J].中国科教创新导刊，2008，(19)：217.

[21] 聂远卫，赵洪军.放松训练对跆拳道踢打攻击速度的影响[J].运动，2012，(10)：11+5.

[22] 张煜. 跆拳道运动员运动能力与运动营养关系的研究 [J]. 运动. 2017,（23）: 47-48.

[23] 陈丽媛. 冲拳踢腿传递正能量: 春天里, 练跆拳道去 [N]. 金华晚报, 2013-03-25.